Amsterdam

STADTABENTEUER

DIANA STĂNESCU

Michael Müller Verlag

DIE AUTORIN:

+ + + DIANA STĂNESCU + + +
1970 IN RUMÄNIEN GEBOREN +++ STUDIUM IN
MÜNCHEN: POLITIKWISSENSCHAFT. MEDIENRECHT.
SOZIAL- UND WIRTSCHAFTSGESCHICHTE +++ SEIT
2001 IN KÖLN +++ TAGESZEITUNGSREDAKTEURIN
UND REISEREDAKTEURIN +++ AUTORIN DES REISE-
FÜHRERS »RUMÄNIEN« IM MICHAEL MÜLLER VER-
LAG +++ ZAHLREICHE ZEITUNGSARTIKEL. REISE-
VORTRÄGE UND GAST IN REISESENDUNGEN (HESSI-
SCHER RUNDFUNK. WDR) +++

DIE CHEMIE STIMMTE SOFORT zwischen Amsterdam und mir. Und mit der Zeit wurde die Liebe tiefer. Entscheidend dazu beigetragen haben die 33 Amsterdam-Abenteuer, die ich für dieses Buch erleben durfte. Ich schwang mich mit der höchsten Schaukel Europas von einem Hochhaus-Dach – und die Stadt lag mir zu Füßen. Spektakulär, die Aussicht! Mit mystischen Momenten beschenkte mich der Schein Hunderter Kerzen bei einem Konzert in der Portugiesischen Synagoge. Und im eleganten Grachtenhaus Bartolotti träumte ich mich ins Goldene Zeitalter. Süße Träume brachte mir dann eine Nacht auf einem gemütlich schaukelnden Hausboot, mitten im Zentrum dieser liebenswerten, entspannten Grachtenstadt.

Reisen, erleben und träumen Sie mit!

Diana Stănescu,
Amsterdam – Stadtabenteuer

DER HERAUSGEBER:

WIE NÄHERT MAN SICH EINER WELTSTADT MAL ANDERS?

Dieser Gedanke sprang mir regelrecht in den Sinn, als meine Frau Berit und ich im Honeymoon in Amsterdam unterwegs waren. Wir wollten die Stadt wirklich kennenlernen. Nicht über Sehenswürdigkeiten, sondern durch Erlebnisse.

So entstanden die *Stadtabenteuer*: acht Bücher zu acht Metropolen, von denen ich selbst eines schreiben durfte (den Band zu Hamburg). Als Berit schließlich die Grafik dieser neuen Reihe erfand, ergab sich alles andere von selbst.

Mindestens die Hälfte der in dieser Reihe beschriebenen Erlebnisse sind kostenlos oder günstig (12 Euro oder weniger), einige familienfreundlich, wobei man sie selbstverständlich auch allein, zu zweit oder mit Freunden unternehmen kann. Sie spielen in bekannten Stadtteilen. Nur im letzten Kapitel geht es ein wenig weiter raus.

Dass ausgewählte reisepraktische Tipps und die wichtigsten Sights und Spots hinzukamen (»Wenn man schon mal hier ist«), versteht sich von selbst, wenn man für Michael Müller schreibt: den Verleger für alternative Reiseführer.

Matthias Kröner,
Herausgeber der *Stadtabenteuer*
und Reisebuchautor

+++ AMSTERDAM IST SEIT 1983 DIE HAUPTSTADT DES KÖNIGREICHS DER NIEDERLANDE. DER REGIERUNGS- UND PARLAMENTSSITZ SOWIE DIE KÖNIGLICHE RESIDENZ BEFINDEN SICH ALLERDINGS IN DEN HAAG +++ MIT ÜBER 800.000 EINWOHNERN IST AMSTERDAM DIE GRÖSSTE STADT DER NIEDERLANDE +++ ES GIBT MEHR FAHRRÄDER ALS EINWOHNER, NÄMLICH GESCHÄTZT GUT 880.000 +++ IN AMSTERDAM LEBEN 180 NATIONEN +++ DIE STADT LIEGT AN DER MÜNDUNG DER AMSTEL INS IJSSELMEER +++ 165 GRACHTEN MIT EINER GESAMTLÄNGE VON 80 KILOMETERN DURCHFLIESSEN DIE STADT +++ DER GRACHTENGÜRTEL, BESTEHEND AUS HERENGRACHT, PRINSENGRACHT UND KEIZERSGRACHT, GEHÖRT ZUM UNESCO-WELTKULTURERBE +++ AMSTERDAM STEHT AUF RUND 5 MILLIONEN HOLZPFÄHLEN – WEGEN DES FEUCHTEN, SANDIGEN BODENS. HEUTE WERDEN BETONPFÄHLE VERWENDET +++

WENN MAN IN AMSTERDAM ANKOMMT: Amsterdam erreicht man am besten per Zug oder Flug. Die Anreise mit dem Auto ist wenig ratsam, denn die Parkgebühren sind oft hoch. Der Hauptbahnhof Amsterdam Centraal befindet sich am nördlichen Rand des Zentrums. Von dort starten Metro- und Tramlinien (vor dem Bahnhof) sowie Busse (in der 1. Etage des Bahnhofs) in die Stadt. Der Flughafen Schiphol südwestlich von Amsterdam ist rund 20 Kilometer (15–20 Minuten per Zug oder Auto) vom Hauptbahnhof entfernt.

UNTERWEGSSEIN ist in Amsterdam bestens ohne Auto möglich. Erstens liegt im Zentrum viel Sehens- und Erlebenswertes nah beieinander und lässt sich gut zu Fuß erreichen. Zweitens gibt es ein dichtes Netz öffentlicher Verkehrsmittel.

Die Tickets des Verkehrsunternehmens GVB (gvb.nl) gelten für Metro, Tram und Bus. Die **Einzelkarte** kostet **3,20 Euro/Stunde** – da lohnt sich die **Tageskarte für 8 Euro** schnell! Für längere Aufenthalte gibt es **Mehrtageskarten** (**2 Tage 13,50 Euro, 3 Tage 19 Euro, 4 Tage 24,50 Euro, 5 Tage 29,50 Euro, 6 Tage 33,50 Euro, 7 Tage 36,50 Euro**). Alle Tickets erhält man an den Automaten der Haltestellen. Beim Fahrer oder Kartenverkäufer in Tram und Bus können Fahrgäste ausschließlich Einzel- und Tagestickets kaufen. **Wichtig:** Auch Tages- und Mehrtagestickets müssen bei jedem Ein- und Aussteigen entwertet werden!

Kostenlos sind die **Fähren**, die an der Rückseite des Hauptbahnhofs ablegen und **über den Fluss IJ zum Norden der Stadt** fahren.

DIE MITNAHME VON FAHRRÄDERN ist nur in der Metro und Tram 26 gestattet (**1,80 Euro Aufpreis**). Natürlich gibt es in Amsterdam unzählige Fahrradverleiher. Für Ungeübte gilt erhöhte Konzentration – die Fahrweise ist forsch, und so viele Fahrräder hat man in Deutschland selten um sich ...

1
DAM
UND
DE WALLEN

+++ ERLEBEN +++

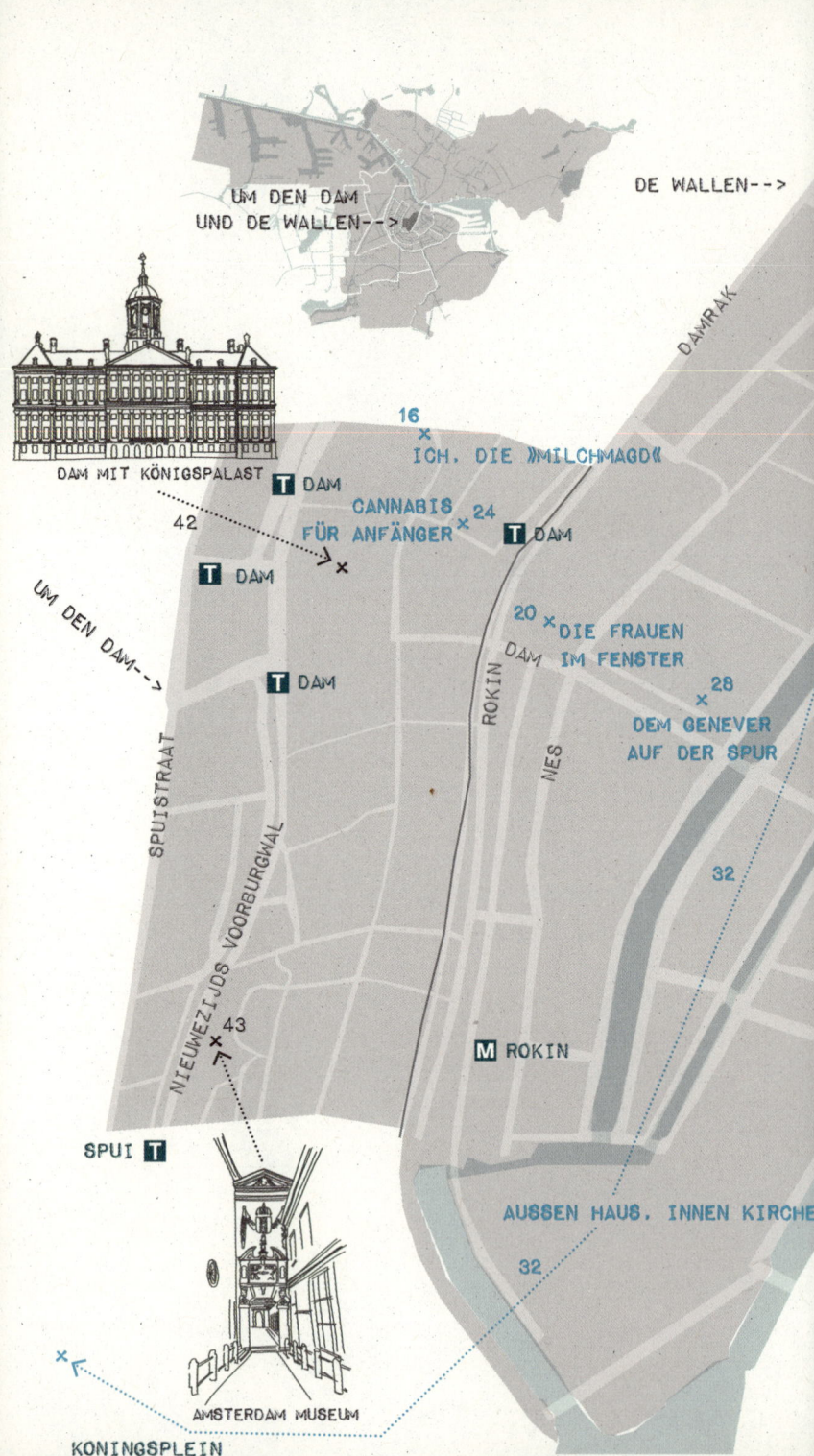

UM DEN DAM
UND DE WALLEN-->

DE WALLEN-->

DAMRAK

DAM MIT KÖNIGSPALAST

T DAM

16
×
ICH. DIE »MILCHMAGD«

42

CANNABIS
FÜR ANFÄNGER
×
×24

T DAM

T DAM
×

UM DEN DAM-->

T DAM

ROKIN

DAM

20 ×
DIE FRAUEN
IM FENSTER

28
×
DEM GENEVER
AUF DER SPUR

SPUISTRAAT

NIEUWEZIJDS VOORBURGWAL

NES

32

43
×

M ROKIN

SPUI **T**

AMSTERDAM MUSEUM

AUSSEN HAUS. INNEN KIRCHE

32

×

KONINGSPLEIN
T

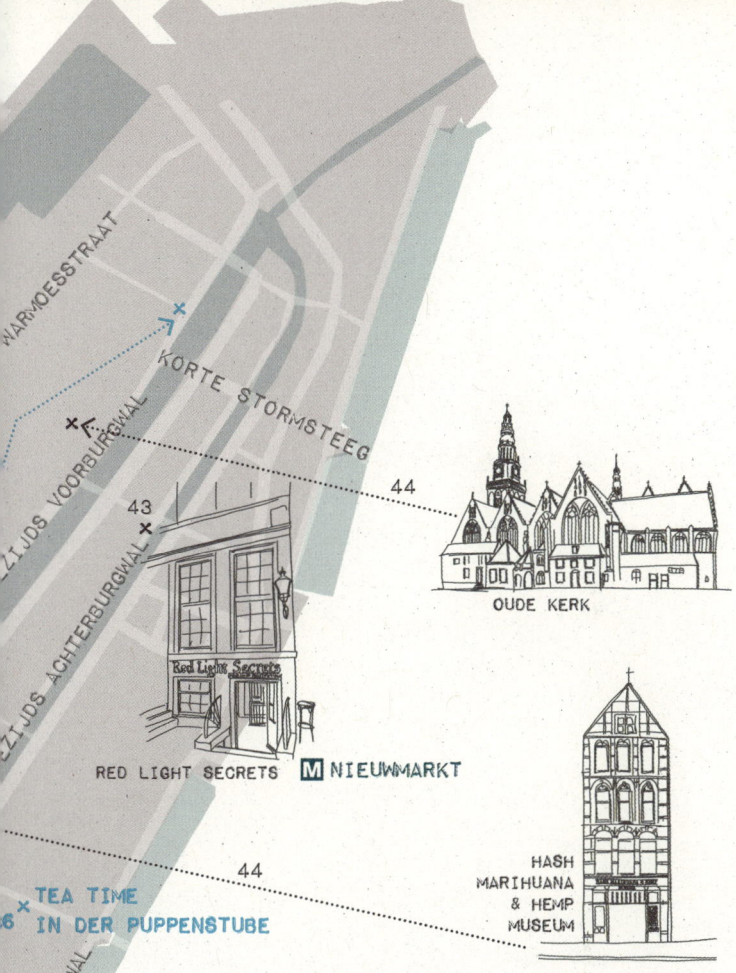

WARMOESSTRAAT

KORTE STORMSTEEG

ZIJDS VOORBURGWAL

ZIJDS ACHTERBURGWAL

44

OUDE KERK

43

Red Light Secrets

RED LIGHT SECRETS M NIEUWMARKT

HASH
MARIHUANA
& HEMP
MUSEUM

44

TEA TIME
IN DER PUPPENSTUBE

VENIERSBURGWAL

AM DAM pocht seit Jahrhunderten das Herz der Altstadt. Hier residierte ab 1808 Louis Bonaparte als König der Niederlande, hier finden die Krönungszeremonien der Oranje-Könige statt, und hier werden die Nationalfeiertage begangen. Touristen und Tauben, Museumsbesucher und Kaufhauskunden wuseln über den weitläufigen Platz mit historischer Bedeutung. Der wuchtige Königspalast lässt das Treiben an seinen Mauern abprallen. In unmittelbarer Nachbarschaft liegt das berühmte Rotlichtviertel De Wallen.

ICH,
DIE »MILCHMAGD«

DIE KOPIEN
DER GEMÄLDEKLASSIKER
IM ATELIER »MUSEUMFOTO«

DAM 🅣ˣ

UM DEN DAM-->

ROKIN Ⓜ   <--DE WALLEN

+ + + S T E C K B R I E F + + +
WO? EGGERTSTRAAT 2 +++ TRAM 2/11/12/13/14/17/24
DAM. METRO 52 ROKIN +++ WANN? DIE ÖFFNUNGS-
ZEITEN ÄNDERN SICH HÄUFIG UND SIND WOCHEN-
WEISE AUF DER WEBSITE ANGEGEBEN. TERMINVER-
EINBARUNG MÖGLICH. ABER NICHT UNBEDINGT NÖTIG
+++ MUSEUMFOTO.AMSTERDAM +++ WIE LANGE? CA.
15-30 MINUTEN +++ WIE VIEL? 1 AUFNAHME.
1 PERSON. 1 AUSDRUCK: 13.50 EURO. 1 AUFNAHME
MIT 2 PERSONEN. 2 AUSDRUCKE: 20 EURO +++

ROUTINIERT HILFT MIR PETER in das senffarbene Oberteil, bindet mir eine bauschige Schürze um und setzt mir eine weiße Haube auf: Fertig ist *Die Dienstmagd mit Milchkrug*! Dann zieht der Inhaber dieses besonderen Fotoateliers einen schweren Vorhang zur Seite: Zum Vorschein kommt ein Tisch, auf dem Brotkorb, Brotlaib und Schüssel stehen. »Das wird gut«, versichert der Chef – und stellt mich quasi ins Gemälde. Er drückt mir einen Milchkrug in die Hand, aus dessen Ausguss ein weißes Stoffband läuft – die täuschend echt aussehende »Milch«. »Neig den Kopf zur Seite«, weist Peter mich an, »und konzentrier dich auf die Milch, die du eingießt.« Ich muss lachen, Peter lacht mit und sagt: »Du musst ernst schauen. Wie die Milchmagd!« Ich folge und denke: Oje, wie das wohl aussehen mag ...

»MUSEUMFOTO« heißt der kleine Laden, in dem man Teil eines niederländischen Gemäldeklassikers werden kann. Elf Motive hat Inhaber Peter Smits bislang im Programm, inklusive der passenden 23 Kostüme, die seine Frau Britt genäht hat. Neue Gemälde sind stets in Arbeit. *Die Dienstmagd mit Milchkrug* von Jan Vermeer ist das beliebteste Motiv. Auch *Das Mädchen mit dem Perlenohrring* steht hoch im Kurs. Die Herren posieren gerne als Willem I., Prins van Oranje, und schauen dabei steif aus der Halskrause.

Touristen aus aller Welt, aber auch Einheimische besuchen das von außen unscheinbare Fotostudio in einer Seitenstraße hinter dem Dam. »Die Hälfte meiner Kunden sind Niederländer, die ausländischen Touristen kommen sogar aus Bahrain, China und Japan«, sagt der Chef. In seinem ersten Leben war der sympathische Bildkünstler Gerichtsvollzieher und Boss einer Firma mit rund 60 Mitarbeitern. Dann hatte er genug davon, verkaufte alles und tauschte das 1.000-Quadratmeter-Büro gegen den Winzlingsladen. »Ich arbeite jetzt auf 14 Quadratmetern, Toilette inklusive«, lacht Peter und sagt: »Ich wollte Spaß im Leben.« Den hat er! Und seine Kunden auch.

RICHTIG LUSTIG sieht mein »Museumfoto«
aus, stelle ich fest, nachdem Peter es ausgedruckt hat.
Gut, die Kleider plustern mich auf, aber was tut man nicht
alles für die Kunst ... Das Foto ist mit 10 x 15 Zentimetern
übersichtlich. Aber das Original aus dem 17. Jahrhundert,
das im Rijksmuseum zu bewundern ist, misst ja auch nur
45,5 x 41 Zentimeter.

Schon betreten die nächsten Gäste den Laden. Dabei ist
der Raum so klein und so vollgestopft mit Kostümen, die
dicht an dicht auf einer Kleiderstange hängen, dass nicht
allzu viele gleichzeitig hineinpassen.

Mein Museumfoto war jedenfalls ein echtes Vergnügen,
das wenig Zeit und Geld kostet. Touristisch, ja, aber wirklich gut gemacht! Genauso spannend wie die Bildinsze-
nierung selbst fand ich Peters Geschichte. Menschen, die
den Mut haben, neue Wege zu gehen und zu tun, woran
sie Spaß haben – solche Begegnungen gehören für mich
zu den schönsten Seiten des Reisens.

WENN MAN SCHON MAL **HIER** IST:

Wer seine Fotos noch mal einge-
hender betrachten möchte, kann
dies bei einem Gläschen im urigen
Lokal **De Drie Fleschjes** (siehe S. 45)
tun – es befindet sich ein paar Türen weiter. Der **Königspalast** □→
(siehe S. 42) ist nur einen Steinwurf von hier entfernt. Und wer
möchte, kann das nächste Stadtabenteuer gleich anschließen: die
Genever-Verkostung bei der Tra-
ditionsdestillerie **Wynand Fockink**
in einer Seitenstraße, die ebenfalls
am Dam beginnt (siehe S. 28).

DIE FRAUEN IM FENSTER

EINE FÜHRUNG IM ROTLICHTVIERTEL DE WALLEN

UM DEN DAM-->   DAM   <--DE WALLEN

ROKIN M

+ + + S T E C K B R I E F + + +
WO? STARTPUNKT AUF DEM DAMPLATZ BEIM NA-
TIONALMONUMENT (VOR DEM HOTEL KRASNAPOLSKY)
+++ TRAM 2/11/12/13/14/17/24 DAM. METRO 52
ROKIN +++ WANN? DEUTSCHSPRACHIGE FÜHRUNGEN
TÄGLICH 15.30 UND 17.30 UHR +++ AMSTERDAM
LIEBE.DE +++ WIE LANGE? 1.5 STUNDEN +++ WIE
VIEL? 24 EURO/PERSON. BUCHUNG ÜBER WEBSITE
+++ WICHTIG! FOTOS VON DEN FENSTERN MIT DEN
PROSTITUIERTEN SIND TABU! +++

»WIR SIND JETZT auf der Vorspiel-Straße«, leitet Lena den Abend launig ein. »Hier, auf der Warmoesstraat, trinken sich die Männer Mut an«, sagt die Psychologie-studentin aus Bochum, die uns an diesem Abend durch das legendäre Rotlichtviertel De Wallen führen wird. Lena arbeitet für Amsterdamliebe, ein kleines Unternehmen, das deutschsprachige Stadtführungen anbietet.

Erster Halt: die Condomerie. Das weltweit älteste Spezial-geschäft für Kondome eröffneten 1987 zwei Niederlän-derinnen, die in Zeiten von Aids aufklären wollten. »Wisst ihr, was ein Femidom ist?«, fragt Lena in die ahnungslose Runde. »Es ist das Kondom für die Frau und wird nach innen gestülpt.« Ahhh!

Dann folgt der weniger unterhaltsame Teil der Tour: Nach wenigen Schritten erreichen wir die berühmten Rotlicht-fenster, in denen die Prostituierten stehen.

DIE FRAUEN WARTEN auf Plateauschuhen, halten den Blicken stand, die sie hautnah streifen. Nur die Glasscheibe trennt sie in ihrer Nacktheit von den gaffenden Passanten, innen und außen verschwimmen fast surreal im rotgetränkten Abendlicht, und kaum irgendwo sonst ist der Warencharakter »käuflicher Liebe« verstörender spürbar als in diesen Altstadtgassen.

Das Rotlichtviertel ist rappelvoll, grölende junge Männer ziehen vorbei. An den Türen wird verhandelt: 50 Euro für 15 Minuten – das ist der Mindestpreis. Wird man sich einig, bezahlt der Mann in bar. Nach sechs Minuten ist der Durchschnittsfreier wieder draußen ...

Um die Oude Kerk sind die Mieten niedriger, denn welcher Kunde möchte schon mitten auf dem Kirchplatz gesehen werden? Deshalb arbeiten dort die älteren, »preiswerteren« Prostituierten, erklärt Lena, und der Zynismus dieser Logik schmerzt. Teurer sind die Seitenstraßen.

150 bis 250 Euro zahlen die Frauen pro Abendschicht für eine Sexkammer: 10 bis 15 Quadratmeter, Liege, Waschbecken, Fliesenboden. Sie zahlen an den Hausmeister, der zahlt an den Hausbesitzer. Dafür bekommen sie Schutz: Drückt eine Frau den Alarmknopf, sperrt der Hausmeister von außen auf und ruft die Polizei.

ARBEITEN DIE PROSTITUIERTEN, die meist aus Osteuropa kommen, freiwillig und auf eigene Rechnung? Sie zahlen Steuern und Sozialabgaben, müssen bei der Handelskammer angemeldet und mindestens 21 Jahre alt sein. Doch man wisse nie, ob der »Lebensgefährte« nicht ein Zuhälter ist, sagt Lena. Die Umstände, die Armut, ein Loverboy, ein Menschenhändler – Zwang hat viele Gesichter.

Unsere letzte Station ist die Peepshow im Sex Palace. Eine aussterbende Art in Webcam- und Internet-Zeiten. Der Andrang ist groß. Zwei Euro für zwei Minuten. Lena deutet auf das Foto eines Muskelmanns in der Leuchtreklame am Eingang, schließlich sind auch Paare in der Peepshow zu sehen: »Viele Peepshow-Darsteller arbeiten auch in Sextheatern und Pornofilmen. Sie nehmen Testosteron, um das durchzustehen, deshalb haben sie einen Brustansatz und Haarausfall. Oft werden sie nicht alt.«

Die Stadt bemüht sich, dem Rotlichtviertel das Schmuddelimage zu nehmen. Und hat rund 150 der einst circa 500 Schaufenster geschlossen. Läden und Lokale zogen stattdessen ein. Doch ein Viertel wie jedes andere wird De Wallen wohl nie werden.

WENN MAN SCHON MAL HIER IST:

Vor der Führung kann man sich bei einem Kaffee in der **Koffieschenkerij** (siehe S. 45) in der einstigen Sakristei der Oude Kerk stärken. Wer mag, rundet das Thema nach der Führung mit einem Besuch des Prostitutionsmuseums **Red Light Secrets** ☐↦ ab (siehe S. 43). Von dort ist Amsterdams kleines **Chinatown** nah (Zentrum um die südliche Zeedijk-Straße) – mit dem buddhistischen **Fo Guang Shan He Hua Tempel** (Zeedijk 106–118, Di–Sa 12–17 Uhr, So 10–17 Uhr).

CANNABIS FÜR ANFÄNGER

GEFÜHRTE COFFEESHOP-TOUR

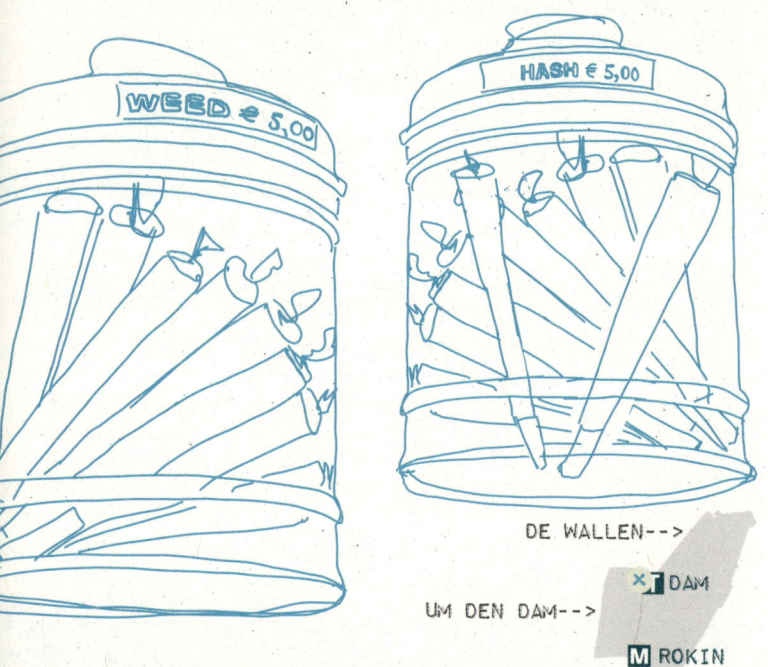

WEED € 5,00

HASH € 5,00

DE WALLEN-->

UM DEN DAM-->

× DAM

M ROKIN

+ + + S T E C K B R I E F + + +

WO? STARTPUNKT DER FÜHRUNG AUF DEM DAM-PLATZ VOR DER H&M-FILIALE +++ TRAM 2/11/12/13/14/17/24 DAM. METRO 52 ROKIN +++ WANN? TÄGLICH DEUTSCHSPRACHIGE FÜHRUNG »KULTURELLER GANJA-RUNDGANG ZU AUSGEWÄHLTEN COFFEESHOPS«. MEIST UM 11 UND/ODER 14 ODER 15 UHR. BUCHUNG ÜBER GETYOURGUIDE.DE +++ WIE LANGE? 2 STUNDEN +++ WIE VIEL? FÜHRUNG 20 EURO PLUS AUSGABEN IM COFFEESHOP +++

CANNABIS-TOUR FÜR ANFÄNGER: Ich gehöre eindeutig zur Zielgruppe, denn ich habe noch nie im Leben an einem Joint gezogen. Ich bin in Amsterdam und gehe langsam auf die 50 zu – jetzt wird's Zeit! Jelle, unser Reiseleiter, nordet uns gleich zu Anfang der Führung ein: »Kauft nie irgendeinen Mist auf der Straße!« Und: »Beim Rauchen solltet ihr immer etwas Zuckerhaltiges trinken oder essen.« Es folgt ein Schnellkurs mit Basiswissen. Zwei bekannte Cannabis-Typen gibt es, erfahren wir: Indica und Sativa. Erstere macht müde, letztere macht munter. Marihuana ist die Rohform als Blüte, wobei nur die weibliche Blüte THC enthält, Hasch ist die gepresste Form. Gutes Hasch erkennt man an drei Dingen: Es muss grün sein (braun ist schlecht), muss riechen und ein bisschen an den Händen kleben. Jetzt widmen wir uns der Praxis – betreutes Kiffen!

WIR BETRETEN den ersten Coffeeshop, bestellen brav Cola, wegen des Zuckers. Und dann einen (fertig gedrehten) Joint für 5 Euro. Ich ziehe und merke: nix. Ich ziehe noch mal: nix. Das Nix bleibt auch nach weiteren Wiederholungen. Ernüchternd klar im Kopf folge ich einem weiteren Theorie-Block: In den Niederlanden sind alle Drogen illegal, auch Cannabis wird nur geduldet. Mehr als 5 Gramm darf man nicht kaufen, und die Eigentümer der Coffee Shops dürfen höchstens 500 Gramm Vorrat haben.

Ein bisschen enttäuscht über die Nullwirkung meines ersten Joints ziehe ich mit der Gruppe weiter. Wir gehen in das De Dampkring. Der Coffeeshop ist erstens berühmt, weil Brad Pitt und George Clooney während des Drehs zu *Ocean's Twelve* dort waren, und zweitens für seine Space Cakes. Grundregel beim Süßkram: Was gebacken ist, hat Wirkung. Der Rest nicht, wie zum Beispiel Cannabis-Gummibärchen. Ich bestelle also Space Cake. Fürsorglich fragt die Bedienung, ob ich damit Erfahrung habe. Ich verneine, und sie schärft mir ein: »Nach dem halben Kuchen Pause einlegen!« So ganz geheuer ist mir der Kuchen nicht, also nehme ich ihn mit ins Hotel. Umkippen auf dem Sofa ist besser als auf der Straße.

IN MEINEM ZIMMER öffne ich die Packung. Ein Stück Marmorkuchen in fast psychedelischen Farben kommt zum Vorschein: gelb, grün, orange, rot. Ich esse eine Hälfte – und warte. Als nach einer Stunde nichts zu spüren ist, mache ich mich über den Rest her. »0,5 Gramm Marihuana« steht auf der Zutatenliste. Langsam sinke ich auf dem Sofa in die Horizontale. Als ich aufwache, ist mir schwindelig. Ich wanke ins Bett. In der Nacht ist mein Körper schwer, sobald ich mich drehe, dreht sich alles mit. Um 6 Uhr taumle ich ins Bad. Und gleich zurück ins Bett, bis 11 Uhr. Habe ich den besten Teil verschlafen? Am Nachmittag sehe ich mir einen Tipp von der Cannabis-Tour an: den ungewöhnlichen Coffee Shop Boerejongens in der Utrechtsestraat 21 (boerejongens. com). Ich will nur gucken, denn mein Kopf ist schwer. Die Einrichtung erinnert an eine Apotheke. Hinter der Theke stehen adrette Männer mit weißem Hemd und schwarzer Fliege und verpacken eifrig Joints und Samen für die Zucht. Marc aus Berlin empfiehlt mir ein pinkfarbenes Erdbeertörtchen, elegant verpackt. Danke – bloß keinen Kuchen mehr ...

❌

WENN MAN SCHON MAL HIER IST:

Vor der Führung kann man sich im **Hash Marihuana & Hemp Museum** (siehe S. 44) einstimmen. Es ist ca. 5 Gehminuten (350 Meter) vom Startpunkt der Führung am Dam entfernt. Und nach der Tour, die im Coffeeshop De Dampkring endet, zieht es mich 100 Meter weiter zur besten Frittenbude der Stadt: **Vlaams Friteshuis Vleminckx** (Voetboogstraat 33, So/Mo 12–19 Uhr, Di–Sa 11–19 Uhr, Do bis 20 Uhr). Die Pommes sind außen kross und innen saftig, dazu wählt man aus 25 Soßen.

CHANGE YOUR MIND

DEM GENEVER AUF DER SPUR

EINE VERKOSTUNG BEIM TRADITIONSHERSTELLER WYNAND FOCKINK

DE WALLEN-->

DAM T

UM DEN DAM-->

ROKIN M

+ + + S T E C K B R I E F + + +
WO? PIJLSTEEG 31 +++ TRAM 2/11/12/13/14/17/24 DAM. METRO 52 ROKIN +++ WANN? VERKOSTUNGEN (»PRIVATE TASTING«) AUF ENGLISCH JEDEN SAMS-TAG- UND SONNTAGNACHMITTAG UM 15. 16.30. 18 UND 19.30 UHR +++ WYNAND-FOCKINK.NL +++ WIE LANGE? 1 STUNDE +++ WIE VIEL? VERKOSTUNG (6 GETRÄNKE) 17,50 EURO/PERSON. BUCHUNG VOR ORT ODER ÜBER DIE WEBSITE +++

VOR DER TÜR in einer schmalen Seitengasse, die vom Hauptplatz Dam abgeht, tobt das Touristenleben. Drinnen im Proeflokal, der Probierstube, drängen sich die Durstigen. Doch nebenan, im kleinen Verkostungsraum, ist's ruhig und gemütlich. Zwischen Regalwänden mit verheißungsvollen Flaschen steht ein langer Holztisch, eingedeckt mit den typischen Tulpengläsern – und mit Spucknäpfen. »Falls Ihnen etwas nicht schmeckt: Scheuen Sie sich nicht, es auszuspucken«, ermutigt uns gleich am Anfang Robbert, der uns auf Englisch durch die Verkostung bei der Traditions-Destillerie Wynand Fockink leiten wird. Ausspucken wird doch hoffentlich nicht nötig sein, denke ich ... Sieben Teilnehmer setzen sich an den Tisch, und los geht's. Erst mal mit den Likören.

»AMSTERDAM IST eine Likör-Stadt«, sagt Robbert. 52 Sorten werden bei Wynand Fockink hergestellt. Alles begann, als die Handelsschiffe im »Goldenen Zeitalter« exotische Früchte und Gewürze ins florierende Amsterdam brachten. So entstand der Sinaasappel-Likör, dessen Orangen-Aroma ich angenehm zurückhaltend finde. Wir kommen zu einem Klassiker: »Hansje in de Keller.« Was bitte? Robbert erklärt: »Wenn früher jemand Gästen ein Gläschen davon anbot, dann wusste man: Da ist ein ›Hänschen im Keller‹, also ein Baby im Bauch.« Ach sooo … Erst umschmeichelt ein Geschmacksdreiklang aus Orange, Aprikose und Vanille meinen Gaumen, gefolgt von Zitrone, Bergamotte und Zimt. Nicht schlecht … auf Hansje könnte ich öfter anstoßen!

Der zweite Teil ist dem Genever gewidmet, dem Urvater des Gins. Für Gin wird Neutralalkohol verwendet, also im Grunde reiner, geschmacksneutraler Alkohol, versetzt mit Gewürzen, allen voran Wacholder. Für Genever dagegen ist Kornschnaps die Grundlage. Wacholder wird ebenfalls verwendet, aber weniger. Bei der Verkostung sticht ein fünf Jahre im Eichenfass gereifter Tropfen hervor: aromatisch, stark, würzig!

DIE ERSTE GENEVER-BRAUEREI namens Bols eröffnete 1575 am Stadtrand von Amsterdam. Die Tradition von Wynand Fockink reicht bis 1679 zurück. Doch 1954 schluckte Bols den Konkurrenten. Die Marke blieb erhalten. In der kleinen Destillerie von Wynand Fockink, die wir nach der Verkostung besichtigen, werden 400 bis 500 Flaschen pro Woche produziert. »Mit Hightech-Methoden«, schmunzelt Robbert. Er zieht einen Plastiktrichter aus dem Regal und sagt allen Ernstes: »Damit füllen wir die Flaschen per Hand ab. Möchten Sie auch die Etikettieranlage sehen?« Robbert zaubert einen Schwamm und einen Eimer Kleister hervor. »Deshalb sind die Etiketten bei uns nicht alle auf gleicher Höhe ...« Zum Schluss frage ich: »Warum wird das Genever-Glas gestrichen voll eingeschenkt und mit den Händen auf dem Rücken vom Tresen weg geschlürft?« Das sei »very dutch«, typisch niederländisch, lacht Robbert. »Wir möchten das Maximum für unser Geld!«

Nach der Führung durch die Destillerie kann man im Laden einkaufen. Oder prüfen, ob die Etiketten richtig sitzen.

✖

WENN MAN SCHON MAL **HIER** IST:

Geht man den Pijlsteeg zu Ende, findet man sich hinter dem Grand Hotel Krasnapolsky bei den Anlegestellen von Grachtenbooten wieder. Zum Beispiel bietet »Friendship Tours« (friendshipamsterdam. com) **Grachtenfahrten** □→ in schönen offenen Booten: Bequeme Kissen und eine kleine Bar in der Mitte machen die Fahrt zum Vergnügen. Von hier aus ist man auch gleich im Rotlichtviertel.

AUSSEN HAUS, INNEN KIRCHE

BESUCH IN ZWEI AMSTERDAMER »SCHLUPFKIRCHEN«

DE WALLEN-->

UM DEN DAM-->

M NIEUWMARKT

+ + + S T E C K B R I E F + + +

WO? MUSEUM ONS' LIEVE HEER OP SOLDER: OUDEZIJDS VOORBURGWAL 38-40, SINGELKERK: SINGEL 452 +++ METRO 51/53/54 NIEUWMARKT BZW. TRAM 2/ 11/12 KONINGSPLEIN +++ WANN? ONS' LIEVE HEER OP SOLDER: MO-SA 10-18 UHR, SO 13-18 UHR, SINGELKERK: MO-DO 9-17 UHR, SO 10-12.30 UHR +++ OPSOLDER.NL +++ DOOPSGEZINDAMSTERDAM.NL +++ WIE LANGE? GUT EIN HALBER TAG +++ WIE VIEL? ONS' LIEVE HEER OP SOLDER: 12.50 EURO, SINGELKERK: EINTRITT FREI +++

DIE FASSADE TRÜGT. Was von vorne wie ein Wohnhaus aussieht, ist hinten ... ein Haus Gottes. Die »Schlupfkirchen« von Amsterdam sind geheimnisvolle Zeugnisse verworrener Zeiten. In zwei dieser versteckten Hauskirchen kann man der Glaubensausübung im Verborgenen besonders gut nachspüren. Ich starte bei Ons' Lieve Heer op Solder, was so viel heißt wie »Unser Herrgott auf dem Dachboden«. Dass der Herrgott auf dem Dachboden versteckt wurde, hat folgenden Hintergrund: 1578 übernahmen die Protestanten die Macht in Amsterdam, die katholische Stadtregierung war Geschichte. Die neuen Machthaber billigten den Bürgern Glaubensfreiheit zu – aber nur, solange sie diesen Glauben nicht öffentlich praktizierten. So entstanden die getarnten Kirchen, die von der Straße aus nicht als solche zu erkennen waren.

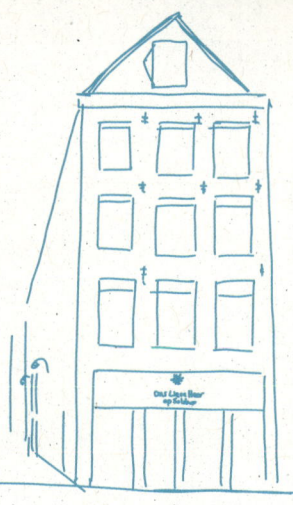

SPANNEND FINDE ICH, dass man im Museum Ons' Lieve Heer op Solder zugleich ein historisches Wohnhaus und eine versteckte Dachboden-Kirche erleben darf. Der wohlhabende deutsche Kaufmann Jan Hartman erwarb 1661 das stattliche Grachtenhaus und die zwei Hinterhäuser. Der Katholik aus dem münsterländischen Coesfeld ließ die drei obersten Stockwerke miteinander verbinden – und schuf damit eine Dachboden-Kirche für rund 150 Gläubige.

Zunächst betrete ich die Wohnräume: Das gutbürgerliche Wohnzimmer verwandelte sich abends in ein Schlafzimmer mit Alkoven. Im Empfangsraum mit vergoldeter Kassettendecke waltete der Hausherr – ich male mir aus, wie der Tuchhändler und Weinsteuer-Eintreiber seine Geschäftspartner vor dem Kamin mit Familienwappen empfing. Mitten durch das Wohnhaus, über eine ausgetretene Holztreppe, schlichen die Katholiken im 17. Jahrhundert auf den Dachboden zum Gottesdienst. Ich gehe auf ihren Spuren die Treppe hoch und betrete die erstaunlich große Kirche mit üppigem Altar und Holzemporen auf zwei Ebenen. Nun, der Herrgott dürfte seine Verbannung auf den Dachboden nicht allzu übel genommen haben, denn das ungewöhnliche Gotteshaus verbindet gemütlichen Wohnzimmercharme mit barocker Pracht.

VIEL SCHLICHTER wirkt die mennonitische Singelkerk. Fast wäre ich an der Fassade vorbeispaziert, denn nichts erinnert den Betrachter von außen an eine Kirche. Genau so war es ja auch gedacht.

Ich klingle, der Küster öffnet und führt mich durch das Treppenhaus eines großen Wohnhauses, vorbei an Verwaltungsräumen der Kirchengemeinde. Dann sperrt er eine Türe auf – und vor mir öffnet sich ein überraschend weiter Kirchenraum. Still und friedlich ist es darin, Licht fällt durch große Fenster. Dunkle Emporen umfassen im Halbrund die zentrale Kanzel der Predigtkirche für rund 1.200 Gläubige. Der Aachener Tuchhändler Harmen Hendriksz van Warendorp, ein Mennonit, hatte 1607 mehrere Grachtenhäuser gekauft und ließ diese Kirche im Jahre 1639 in den Garten des Hauses Nr. 452 bauen. Rund 400 Mitglieder zählt die Gemeinde heute. Bis in unsere Tage ist ihre Kirche ein kleiner Geheimtipp geblieben.

✖

WENN MAN SCHON MAL **HIER IST**:

Von der Singelkerk aus ist es nur ein Katzensprung zum **Begijnhof** □→: Im Garten der idyllischen Wohnanlage der Beginen-Frauengemeinschaft versteckt sich eine weitere Schlupfkirche (Begijnhof 30, Mo 13–18.30 Uhr, Di–Fr 9–18.30 Uhr, Sa/So 9–18 Uhr). Ganz nah bei der Dachbodenkirche Ons' lieve Heer op Solder befindet sich die **Oude Kerk**. Die immerhin älteste Kirche der Stadt wird heute »nur« noch als Museum genutzt (siehe S. 44).

TEA TIME IN DER PUPPENSTUBE

DAS KLEINSTE HAUS VON AMSTERDAM

DE WALLEN-->

UM DEN DAM--> DAM T ✕ M NIEUWMARKT

+ + + S T E C K B R I E F + + +
WO? OUDE HOOGSTRAAT 22 +++ TRAM 4/9/16/24
DAM-PLATZ. METRO 51/53/54 NIEUWMARKT +++
WANN? TEAROOM TÄGLICH ZWISCHEN 7 UND 19 UHR.
TEELADEN DI-SA 11.30-18 UHR +++ HETKLEINSTE
HUIS.NL +++ WIE LANGE? DER RAUM IST 45 MI-
NUTEN RESERVIERT (BEI DEN TEUREREN BRUNCH-,
LUNCH- UND FRÜHSTÜCKSVARIANTEN 2 STUNDEN)
+++ WIE VIEL? TEE UND KUCHEN (EINFACHSTE VA-
RIANTE): 7.50 EURO/PERSON +++

EIN KNUSPERHÄUSCHEN ist nicht nur die kleinste Teestube von Amsterdam, sondern überhaupt das kleinste Haus von Amsterdam! »Het kleinste Huis« bietet Tee und Kuchen in besonderem Ambiente: Den Mini-Raum mietet man für 45 Minuten exklusiv. Fünf Personen passen maximal hinein. Ich habe das preiswerteste Paket gebucht: Tee und Kuchen für 7,50 Euro. Das Märchenhäuschen anno 1738 steht im historischen Zentrum, in dem die Touristenströme oft schnell und billig abgefüttert werden. Auf dem Weg dahin komme ich an Schaufenstern mit sehr bunten Torten vorbei – die Füllungen sind so starr und künstlich, dass zu befürchten ist, sie könnten wochenlang »frisch« bleiben. Ich bin zunehmend gespannt, ob auch das Teehäuschen sich als Touristennepp entpuppt ...

SCHMAL UND HOCH ist das Mini-Stadthaus mit nur 28 Quadratmetern, verteilt auf drei Etagen. Nur 2,02 Meter misst die Fassade in der Breite, und 5 Meter tief erstreckt sich das Haus nach hinten. Es ist eingeklemmt zwischen einem üppigen Tor und einem großen Nachbarhaus. So kann es wenigstens nicht umfallen, witzle ich, als mich Inhaber Niels Bouwman empfängt. Im Erdgeschoss ist der Verkaufsladen. Eine halsbrecherisch steile Treppe führt mich hoch ins Separee. Gemütlich und ruhig ist das gute Stübchen. Niels serviert den Tee – eine duftende Eigenkomposition aus weißem Tee, Mandeln, Orange, Zimt und Rosenblättern. Dann schneidet er den Apfelkuchen an – und mein kulinarisches Glück ist vollkommen. Die *appeltaart*, die in Amsterdam an jeder Ecke serviert wird und so oft eine Enttäuschung ist, weil aufgetaut und matschig, ist hier genau so, wie sie sein soll. Frisch, mürb und knusprig der Teig, saftig die Füllung. »Ich stehe jeden Morgen um 6 Uhr auf und backe alle Kuchen für den Tag«, sagt Niels stolz. »Heute waren es drei Apfelkuchen und ein Butterkuchen.« 1.200 Apfelkuchen backt er pro Jahr! Doch Niels füttert seine Gäste auch mit Anekdoten rund um dieses Häuschen, das er mit seiner Frau 2014 übernommen hat.

ERBAUT WURDE ES 1738 neben dem Oostindisch Huis. Einen mächtigeren Nachbarn konnte man zu jener Zeit kaum haben. Denn im Oostindisch Huis residierte die Vereenigde Oostindische Compagnie (VOC). Die berühmte Handelsgesellschaft wickelte den Asienhandel ab und war mit Handelsmonopolen und Hoheitsrechten bis hin zur Kriegsführung ausgestattet. Dementsprechend war die Hoogstraat damals eine wichtige Straße. Ich sehe zum Fenster hinaus und stelle mir vor, wie damals Seefahrer, Kaufleute und Händler im Oostindisch Huis ein- und ausgingen. Das Häuschen im Windschatten des Oostindisch Huis blieb bescheiden. 1742 erwähnt das Stadtarchiv, dass die Mini-Immobilie von einem Uhrmacher bewohnt wird. Und eines Tages erhielt Niels, der heutige Besitzer, eine E-Mail von einem gewissen Herrn Esselaar. Er schrieb, sein Vater habe als Kind um 1918 in diesem Haus gelebt – die alleinerziehende Mutter betrieb einen Tabakhandel im Erdgeschoss. Ein Schwarz-Weiß-Foto der Tabakhändlerin mit ihren zwei Kindern steht jetzt im Teeraum. So sind die heutigen Besitzer mit der langen Geschichte des kleinen Hauses noch ein bisschen verbunden.

WENN MAN SCHON MAL **HIER** IST:

Knapp 150 Meter vom kleinsten Haus entfernt steht das **Trippenhuis** (Kloveniersburgwal 29) □→ – mit einer Fassadenbreite von 22 Metern das größte Wohnhaus der Stadt. Erbaut wurde es in den 1660er-Jahren für zwei Brüder der Kaufmannsfamilie Trip, die ihr Geld durch Waffenhandel verdienten. Heute ist es Sitz der Akademie der Wissenschaften. Auch das **Rembrandthuis** (siehe S. 146) ist nicht weit weg: Von der Teestube aus erreicht man es nach 350 Metern.

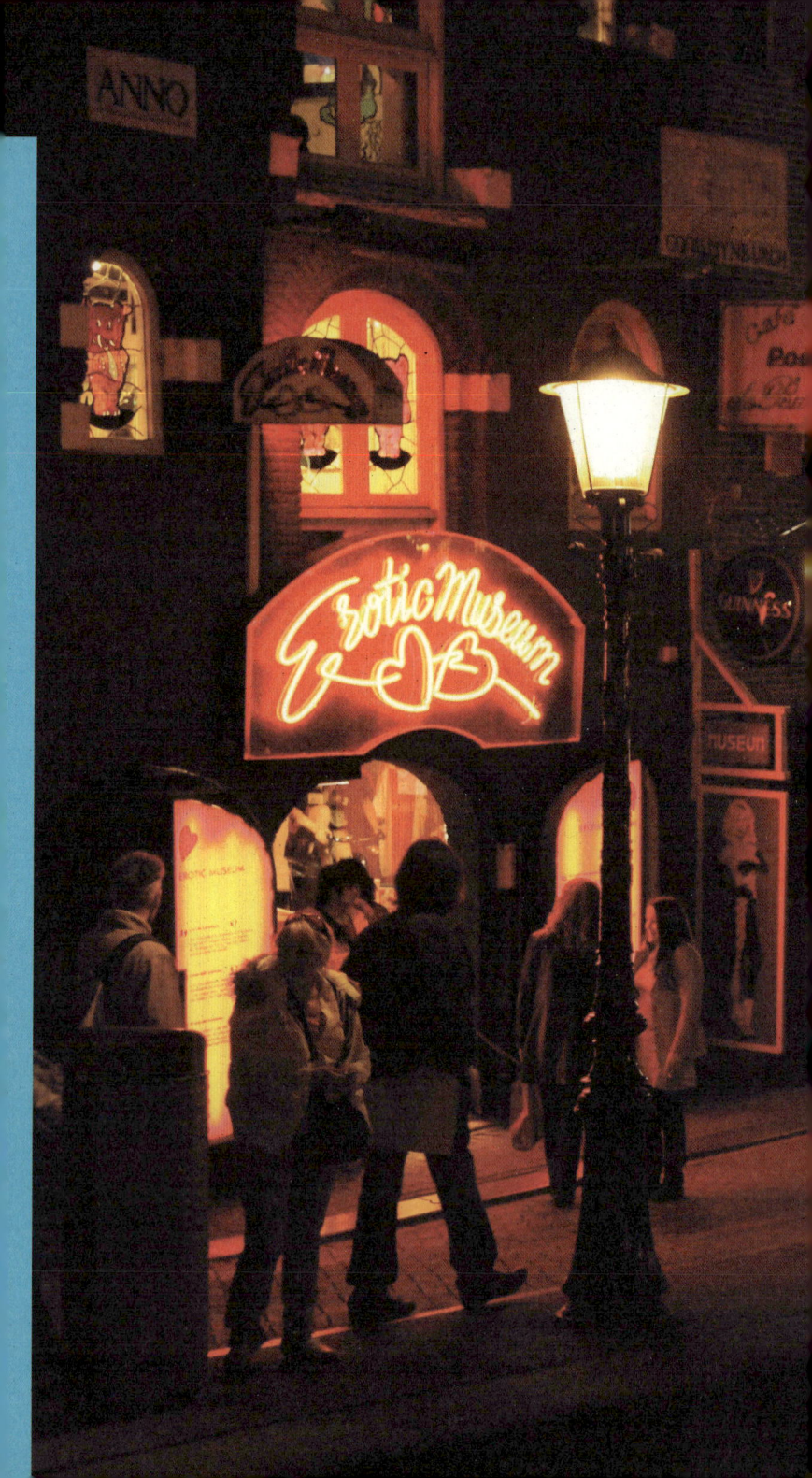

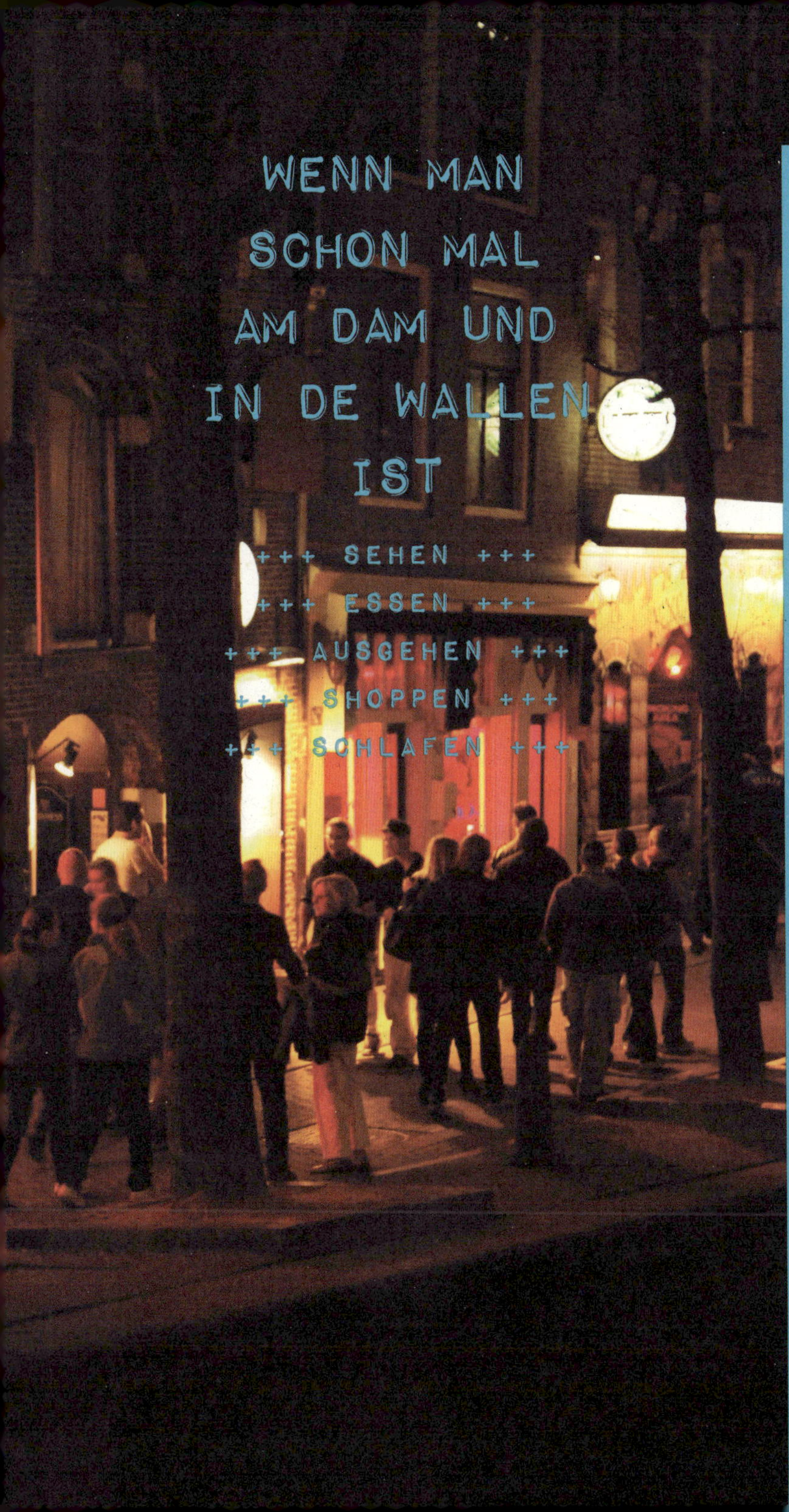

WENN MAN SCHON MAL AM DAM UND IN DE WALLEN IST

+++ SEHEN +++
+++ ESSEN +++
+++ AUSGEHEN +++
SHOPPEN +++
+++ SCHLAFEN +++

DER DAM MIT KÖNIGSPALAST

Den Dam dominiert der Königspalast. Er wurde 1648 bis 1655 als Rathaus erbaut. Napoleons Bruder Louis machte ihn 1808 zu seiner Residenz, als er als König von Holland in die Stadt einzog. Die königliche Familie nutzt den Palast zu Repräsentationszwecken: Staatsgäste werden mit einem Bankett im prunkvollen Bürgersaal empfangen und übernachten im Palast. Der Rundgang durch die prächtigen Innenräume ist absolut lohnend und die Audiotour (auch auf Deutsch) informativ. Die benachbarte **Nieuwe Kerk** dient als Krönungskirche – auch Willem Alexander wurde darin gekrönt. Der **Obelisk** auf dem Platz erinnert an die Opfer des Nationalsozialismus.

+++ TRAM 2/11/12/13/14/17/24 DAM, METRO 52 ROKIN +++ PALEISAMSTERDAM.NL +++ 10–17 UHR, DIE ÖFFNUNGSTAGE STEHEN AUF DER WEBSITE UND VARIIEREN NACH KÖNIGLICHEM TERMINKALENDER +++ 10 EURO +++

←□ RED LIGHT SECRETS

In dem Museum zum Thema Prostitution ist unter anderem ein Bordell-Zimmer mit Eckbadewanne und Barockspiegel zu sehen – und ein voll eingerichtetes Rotlichtzimmer. Einige Zahlen und Informationen ergänzen die Ausstellung, die einerseits einen voyeuristischen Blick durchs Schlüsselloch bietet, andererseits einen nahen Blick auf das Sex-»Gewerbe«.

+++ OUDEZIJDS ACHTERBURGWAL 60 +++ TRAM 2/11/ 12/13/14/17/24 DAM. METRO 52 ROKIN +++ RED LIGHTSECRETS.COM +++ TÄGLICH 10-24 UHR +++ 12.50 EURO (10-13 UHR: 10 EURO) +++

AMSTERDAM MUSEUM

Mit Gemälden, Landkarten, Möbeln und Filmen zeichnet das Museum ein lebendiges Sittengemälde der Stadt, Kleine Besucher erleben in der Abteilung »Het kleine Weeshuis« den Alltag in einem Waisenhaus des 17. Jahrhunderts. Warum? Weil das Museum im Gebäudekomplex des ehemaligen städtischen Waisenhauses untergebracht ist. Im Mittelalter war in dem Gebäude das Kloster St. Lucien. Das Museumscafé Mokum befindet sich an der Stelle des einstigen Kloster-Bauernhofs.

+++ TRAM 2/11/12 SPUI. METRO 52 ROKIN +++ KALVERSTRAAT 92 +++ AMSTERDAMMUSEUM.NL +++ TÄGLICH 10-17 UHR +++ 15 EURO +++

OUDE KERK

Eine Kirche neben den Prostituierten-Fenstern, dazu ein Kindergarten in der Nachbarschaft: Diese Kombination dürfte selten sein. Die Oude Kerk, einst Anlaufpunkt für Seefahrer und Fischer, ist der älteste erhaltene Bau der Stadt. Nach 1300 entstand diese gotische Hallenkirche mit den schönen Bleiglasfenstern, die seit 2016 als Museum mit Ausstellungen und Konzerten dient. Unter den 2.500 Gräbern ist auch das von Rembrandts erster Frau Saskia van Uylenburgh.

+++ OUDEKERKSPLEIN 23 +++ TRAM 2/11/12/13/14/ 17/24 DAM. METRO 52 ROKIN +++ OUDEKERK.NL +++ MO-SA 10-18 UHR. SO 13-17.30 UHR +++ 12 EURO +++

HASH MARIHUANA & HEMP MUSEUM

Das kleine Museum informiert über Geschichte, Anbau, Verarbeitung und Anwendungen der Cannabispflanze in verschiedenen Kulturen. Antike Utensilien zur Hanf-verarbeitung, Pfeifen aus aller Welt, Cannabis-Medizin-flaschen, Bücher – all das fügt sich zu einer spannenden Cannabis-Kulturgeschichte. Eine informative Audiotour (Deutsch) ergänzt die Exponate. Eine eigene Abteilung ein paar Türen weiter ist dem Hanf gewidmet.

+++ OUDEZIJDS ACHTERBURGWAL 148 +++ TRAM 2/11/ 12/13/14/17/24 DAM. METRO 52 ROKIN +++ HASHMUSEUM.COM +++ TÄGLICH 10-22 UHR +++ 9 EURO (BUCHUNG ÜBER WEBSITE: 8.50 EURO) +++

BANKETBAKKERIJ VAN DER LINDE

In dem Süßwarenladen, der seit 1937 existiert, wird eine einzige Eissorte hergestellt: unfassbar cremiges Sahneeis. »Wir machen alle fünf Minuten frisches Eis«, sagt die Bedienung stolz. Vielen gilt es als bestes Eis der Stadt.

+++ NIEUWENDIJK 183 +++ TRAM 2/11/12/13/14/17/24 DAM. METRO 52 ROKIN +++ MO 13-17, DI-DO 11-17.45, FR 9-17.45, SA 9-17, SO 12-17 UHR +++

DE KOFFJESCHENKERIJ

Stimmungsvoll ist dieses Café in der ehemaligen Sakristei der Oude Kerk! Sehr lauschig sitzt man auch im Freien.

+++ OUDEKERKSPLEIN 27 +++ TRAM 2/11/12/13/14/17/24 DAM. METRO 52 ROKIN +++ KOFFIESCHENKERIJ.COM +++ MO-SA 9-18, SO 9-17 UHR +++

DE DRIE FLESCHJES

Urig! Im 1650 gegründeten *Proeflokaal* kann man an der Theke Genever probieren und einen Happen essen, zum Beispiel typisch Amsterdamer *Ossenworst* (Ochsenwurst).

+++ GRAVENSTRAAT 18 +++ TRAM 2/11/12/13/14/17/24 DAM. METRO 52 ROKIN +++ DEDRIEFLESCHJES.NL +++ MO-SA 14-20.30 UHR, SO 15-19 UHR +++

TOMAZ

Bodenständige holländische Küche in rustikalem Ambiente. Richtig lecker: der gekonnt gewürzte *Stamppot* (Eintopf).

+++ BEGIJNENSTEEG 6-8 +++ TRAM 1/2/4/5/9/16/24/25 SPUI +++ TOMAZ.NL +++ MO-DO 12-23 UHR, FR/SA 12-1 UHR, SO 15-19 UHR +++

BISTRO BERLAGE

Gute Cocktails im historischen Ambiente der ehemaligen Börse. Der 1903 fertiggestellte Backsteinbau von Hendrik Petrus Berlage gilt als Ikone niederländischer Architektur.

+++ BEURSPLEIN 1 +++ TRAM 2/11/12/13/14/17/24 DAM. METRO 52 ROKIN +++ BISTROBERLAGE.COM +++ MO 10-18 UHR. DI-SA 10-22 UHR. SO 11-22 UHR +++

IN'T AEPJEN

Die zünftige ehemalige Seefahrerkneipe mit gutem Bier befindet sich in einem der zwei übrig gebliebenen Holzhäuser der Stadt von 1519. Der Name stammt daher, dass die Seeleute einst Affen aus Übersee mitbrachten und sie als Zahlungsmittel nutzten.

+++ ZEEDIJK 1 +++ METRO 51/53/54 NIEUWMARKT +++ TÄGLICH 12-1 UHR. FR/SA 12-3 UHR +++

+ + + + + + + + + + + + **SHOPPEN** + + + + + + + + + + + +

TONY'S CHOCOLONELY SUPER STORE □→

Leckere Schokolade, ohne Sklavenarbeit hergestellt! In dem bunten Laden gibt es jede Menge Kostproben – und Informationen über Sklavenarbeit auf Kakaoplantagen.

+++ OUDEBROUGSTEEG 15 +++ TRAM 2/11/12/13/ 14/17/24 DAM. METRO 52 ROKIN +++ TONYSCHOCO LONELY.COM +++ TÄGLICH 10-21 UHR +++

JACOB HOOY & CO.

Das Traditionsgeschäft (seit 1743) verkauft Kräuter, Gewürze und Kosmetik in nostalgischem Ambiente.

+++ KLOVENIERSBURGWAL 10-12 +++ METRO 53/54 NIEUWMARKT +++ JACOB-HOOY.NL +++ MO-FR 10-18 UHR. SA 10-17 UHR +++

+ + + + + + + + + + + + SCHLAFEN + + + + + + + + + + + +

GRAND HOTEL KRASNAPOLSKY

Das Haus am Platze: Das 1855 erbaute Fünf-Sterne-Hotel direkt am Dam empfängt seine Gäste mit topmodernen Zimmern hinter klassischer Fassade. In der Hotelbar verwöhnt Tess Posthumus, beste Barkeeperin 2015, mit ihren Cocktails. DZ ab ca. 200 Euro.

+++ DAM 9 +++ TRAM 2/11/12/13/14/17/24 DAM. METRO 52 ROKIN +++ NH-HOTELS.DE +++

MAURO MANSION

In einem Grachtenhaus aus dem 16. Jahrhundert ist dieses kleine, schicke Hotel untergebracht. Die nur neun Zimmer haben ein modernes, ganz besonderes und individuelles Design. DZ ab 160 Euro.

+++ GELDERSEKADE 16 +++ METRO 51/53/54 CENTRAAL STATION +++ MAUROMANSION.COM +++

2
GRACHTENGÜRTEL

+++ ERLEBEN +++

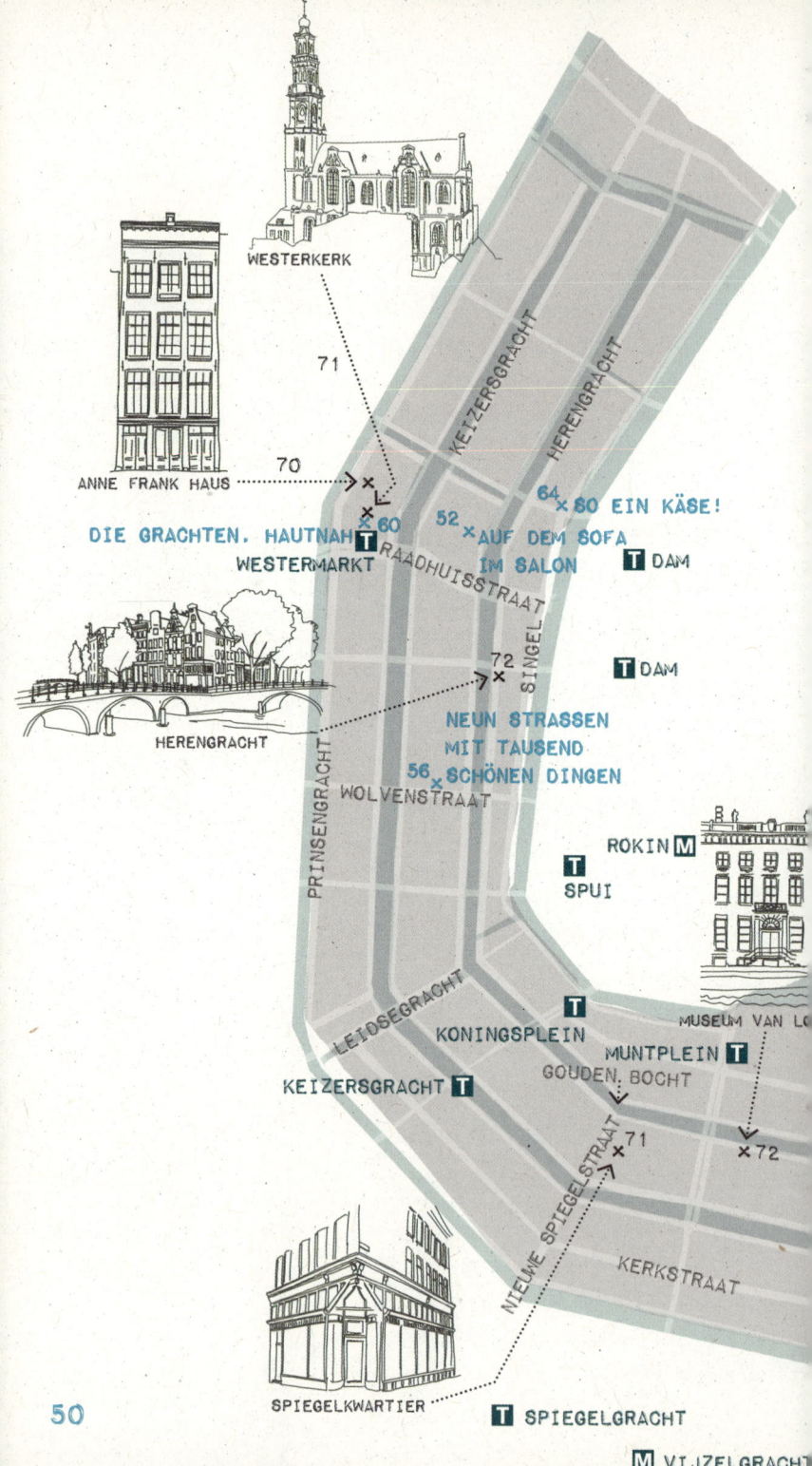

WESTERKERK

71

70

ANNE FRANK HAUS

DIE GRACHTEN. HAUTNAH

WESTERMARKT

×60
×52
×64 ×SO EIN KÄSE!
AUF DEM SOFA
IM SALON

RAADHUISSTRAAT

KEIZERSGRACHT

HERENGRACHT

T DAM

×72

SINGEL

T DAM

NEUN STRASSEN
MIT TAUSEND
×56 SCHÖNEN DINGEN

WOLVENSTRAAT

HERENGRACHT

PRINSENGRACHT

ROKIN M

T
SPUI

T
KONINGSPLEIN

MUSEUM VAN LO

LEIDSEGRACHT

MUNTPLEIN T
GOUDEN. BOCHT

KEIZERSGRACHT T

×71

×72

NIEUWE SPIEGELSTRAAT

KERKSTRAAT

SPIEGELKWARTIER

T SPIEGELGRACHT

50

M VIJZELGRACHT

ES WAR DAS GOLDENE ZEITALTER.

Die Wirtschaft der Kolonialmacht florierte, der Wohlstand der Amsterdamer Kaufleute wuchs. Und der Sog der Stadt zog immer mehr Menschen auf der Suche nach einem besseren Leben an. So wurde es Zeit für eine Stadterweiterung: Seit dem 17. Jahrhundert legt sich ein Band aus vornehmen Grachten mit schmalen, hohen Giebelhäusern um den alten Stadtkern. Heute gehört der elegante Grachtengürtel, bestehend aus den Hauptkanälen Heren-, Keizers- und Prinsengracht, zum UNESCO-Weltkulturerbe. Und hält schönste Reise-Erlebnisse bereit!

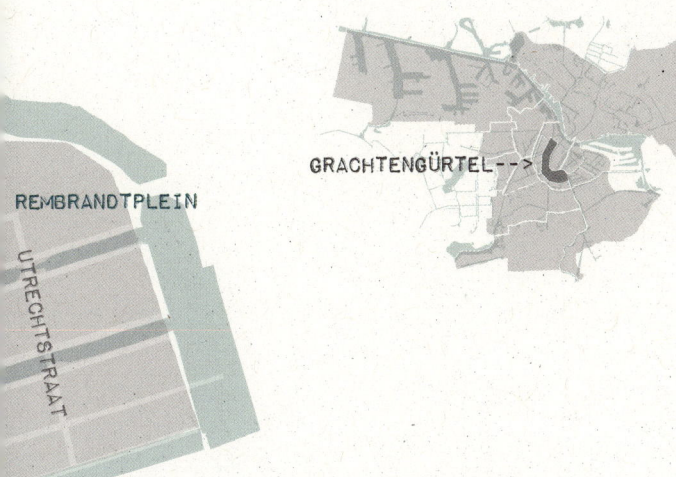

REMBRANDTPLEIN

UTRECHTSTRAAT

GRACHTENGÜRTEL -->

AUF DEM SOFA IM SALON

DAS VORNEHME HUIS BARTOLOTTI

GRACHTENGÜRTEL-->   × T DAM

+ + + S T E C K B R I E F + + +
WO? HERENGRACHT 170 +++ TRAM 2/11/12/13/
14/17/24 DAM +++ WANN? MO-DO UND SA 10-16 UHR.
SO 12-16 UHR +++ WIE LANGE? MINDESTENS
1 STUNDE +++ WIE VIEL? 8 EURO INKLUSIVE
AUDIOGUIDE (ENGLISCH) UND TEE. KAFFEE ODER
TRAUBENSAFT +++

»HIER AANBELLEN« steht an der Türe. Ach so, klingeln. Ich klingle also, eine Dame öffnet – und schon im marmorweißen Flur umfängt mich der Zauber dieses Wohnhauses, das bei seinem Bau im 17. Jahrhundert als eines der prächtigsten der Stadt galt. Erst 2018 wurde das Huis Bartolotti als besonderes Museum eröffnet. Der Gast ist eingeladen, die Möbel zu benutzen, Platz zu nehmen und die stilvolle Atmosphäre aufzusaugen.

Ich betrete den Empfangsraum mit den bemalten Tapeten aus dem 18. Jahrhundert, bekomme eine Tasse Tee serviert und setze mich auf das Sofa neben dem Marmorkamin. Meine Zeitreise ins 17. Jahrhundert beginnt ... Kunst und Kultur erlebten in dieser Goldenen Epoche eine beispiellose Blüte, nachdem die Niederlande zur See- und Handelsmacht aufgestiegen waren, und das ist spürbar in diesen stimmungsvollen, opulent ausgestatteten Räumen.

1616 KAUFTE Guillelmo Bartolotti an der neu angelegten Herengracht zwei Grundstücke für den Bau eines Domizils, das seinen Status als Geschäftsmann mit Geld und Geschmack unterstreichen sollte. Der Inhaber eines Handels- und Bankhauses hieß eigentlich Willem van den Heuvel, übernahm aber den wohlklingenden Namen seines Erbonkels Giovanni Battista Bartolotti. Die üppige Erbschaft machte ihn zum zweitreichsten Bürger der Stadt. Nach ihm folgten weitere Besitzer – abenteuerlich erscheint mir die Geschichte des Walfängers Jan van Tarelink. Als er das Haus 1752 kaufte, standen an der Herengracht bereits die prächtigen Stadtpaläste der reichsten Bürger. Van Tarelink ging in die Politik, wurde sogar Bürgermeister. Die alte Elite beäugte den »Emporkömmling« skeptisch. Um ihr zu imponieren, erweiterte er sein Haus und ließ einen beeindruckenden Rokokosaal einrichten. Doch 1781 ging er bankrott, musste all seine Ämter aufgeben – und auch das Haus.

Eine Treppe führt mich zu diesem Rokokosaal, der heute auch für Hochzeiten genutzt wird. Feinste Stuckarbeiten, Schnitzereien und Mahagoni-Holz aus der Karibik zieren den Empfangsraum, in dem die feine Gesellschaft tanzte und Konversation betrieb.

FESTLICHE · DINNER wurden im gediegenen Gartenzimmer gegeben. Ein Marmor-Wandbrunnen zieht meinen Blick auf sich: Darin hat man einst Weinflaschen gekühlt. Die Gäste staunten sicher nicht schlecht, wenn aus dem Hahn mit Tiermaul fließendes Wasser kam!

Eine Heerschar an Dienern hielt den vornehmen Haushalt am Laufen. So hatte der Herr des Hauses einen Butler, der rund um die Uhr bereitstand. Der Dame des Hauses half eine Zofe, sich mehrmals am Tag umzuziehen und sich aus den Haken und Ösen der kunstvollen Kleidung zu winden. Das Wirbeln der Dienerschaft kann ich mir in der großen Küche besonders gut vorstellen. Auf dem Tisch liegt ein Büchlein: *Die vollendete holländische Küchenmagd*. Für sie war's wohl kein so Goldenes Zeitalter …

Zwei weitere elegante Grachtenhäuser sind für das Publikum geöffnet: van Loon und Willet Holthuysen. Doch es sind klassische Museen mit Absperrungen und viel Publikum. Das noch recht unbekannte Huis Bartolotti ist intimer, der Gast darf sich als Teil des Ganzen fühlen. Ein besonderes Erlebnis.

WENN MAN SCHON MAL HIER IST:
Ganz in der Nähe ist das **Gebouw Astoria** □→ (Keizersgracht 174): Das Jugendstil-Gebäude entstand 1904/1905 als Versicherungssitz und diente Greenpeace International bis 2003 als Firmenzentrale. Es war eines der ersten Bürohochhäuser der Niederlande und ist heute Rijksmonument.

NEUN STRASSEN MIT TAUSEND SCHÖNEN DINGEN

DUTCH DESIGN
IN DEN »9 STRAATJES«

<--GRACHTENGÜRTEL

×

T SPUL

+ + + S T E C K B R I E F + + +

WO? »DE 9 STRAATJES« UMFASSEN RUNSTRAAT, HUI-
DENSTRAAT, WIJDE HEISTEEG, BERENSTRAAT, WOL-
VENSTRAAT, OUDE SPIEGELSTRAAT, REESTRAAT,
HARTENSTRAAT, GASTHUIS MOLENSTEEG +++ TRAM 2/
11/12 KONINGSPLEIN ODER DAM ODER TRAM 13/14/
17/24 DAM +++ **WANN?** ATELIERAMSTRDM: SO/MO 12-
18 UHR, DI-SA 11-18 UHR. RAIN COUTURE AMS-
TERDAM: SA/SO/MO 12-18 UHR, DI-FR 10-18 UHR.
MARLIES DEKKERS: MO 13-18 UHR, DI-SA 11-18 UHR,
SO 12-17 UHR. SMAAK AMSTERDAM: SO/MO 13-18 UHR,
DI-FR 11-18 UHR, SA 10-18 UHR. FABIENNE CHAPOT:
SO/MO 12-18 UHR, DI/MI UND FR/SA 11-18 UHR,
DO 11-19 UHR +++

NEUN KLEINE STRASSEN, randvoll mit schicken Boutiquen – das sind die berühmten »9 Straatjes«, die den westlichen Grachtengürtel zwischen Prinsengracht und Singel queren. Mal keine Ladenketten, mal kein Einheitsbrei. Ich bummle vorbei an hübschen Fassaden, schrägen Schaufensterdekorationen, einladenden Cafés mit gemütlichen Emporen und kleinen Delikatessenläden, sauge die anregende Atmosphäre auf und lasse mich treiben. Spontan denke ich: Wo, wenn nicht hier, hat man die Chance auf echt niederländische Mode? Und mache mich auf die Suche nach Dutch Design ... Dass Scotch & Soda hier zu finden ist, ist nicht erstaunlich, befindet sich die Designzentrale des bekannten Amsterdamer Labels doch in der Grachtenstadt. Aber vielleicht gibt es ja ein paar Überraschungen?

EINE STILVOLLE BOUTIQUE zieht mich gleich zu Beginn an: AtelierAmstrdm (Herengracht 360). Extravagante Mode aus Pythonleder ist die Spezialität des Hauses. Schick, aber wer braucht schon Pythonleder? Ein glitzernder Hemdkragen für den Abend darf hingegen mit mir nach Hause.

Gleiche Straße, einige Läden weiter: »Rain Couture« (Huidenstraat 32) heißt die Allwettermode aus Amsterdam. Trenchcoats, Hosen, Halstücher, Handschuhe: alles wasserdicht, winddicht, schneedicht, atmungsaktiv. Die Mäntel haben durchdachten Schnickschnack wie herausnehmbare Westen und Schlüsselhalter. Kein Wunder, denn Gründerin Daphne Gerritse entwickelte ihr Konzept beim Radfahren in Wind und Wetter.

Für was Kleines hätte ich noch Platz im Koffer. Vielleicht aus dem Dessousladen von Marlies Dekkers (Berenstraat 18)? Die berühmte Niederländerin hat es sogar ins Rijksmuseum geschafft – unter ein Dach mit Rembrandt! Das Museum kaufte 2008 ihr »bare bottom dress« – das Kleid für Zeigefreudige legt den Po frei. In der Boutique in der Berenstraat hängt Dekkers' zweites Markenzeichen: der »spider bra«. Gekonnt lassen die Verkäuferinnen den BH mit Spinnennetz-Struktur in ihrem Dekolleté aufblitzen. Ausgefallen, aber ziemlich luftig – ich überlege lieber noch …

EINE NEUENTDECKUNG ist für mich Smaak Amsterdam (Berenstraat 39): Das Label aus der Grachtenstadt stellt edle Handtaschen her. Formschöne Klassiker aus feinem Leder stehen da in den Regalen, die das Zeug haben, einen lange zu begleiten. Samtiges Burgunderrot, leuchtende Koralle, lichtes Blau ... Ich erstehe ein Schminktäschchen für 39 Euro – außen feuerrotes Leder, innen Leopardenprint. Schick, mein Souvenir! Es gehört zu den Dingen, von denen man gar nicht ahnte, dass man sie braucht, bevor man sie sah.

In der Boutique von Fabienne Chapot (Hartenstraat 7) könnte ich auch schwach werden, theoretisch. Kleidung, Schuhe, Taschen mit auffallenden Mustern und leuchtenden Farben – die Amsterdamer Designerin versprüht mit ihrer Mode Urlaubsfeeling zu machbaren Preisen. Aber man soll ja aufhören, wenn's am schönsten ist. Also bevor die Füße glühen – und die Kreditkarte auch. Ich stärke mich bei Bier und Bitterballen im Café de Doffer (siehe S. 73). Und weiß schon, dass ich bald wiederkomme.

WENN MAN SCHON MAL HIER IST:
Der Besuch zweier besonderer kleiner Museen bietet sich von hier aus an: das **Hausbootmuseum** □→ (siehe S. 90) und das **Bijbels Museum** (Herengracht 368, täglich 10–17 Uhr, Eintritt 10 Euro). Letzteres zeigt seltene Bibel-Exponate und ist in einem eleganten, wunderschönen Patrizierhaus aus dem 17. Jahrhundert untergebracht. Entspannung nach dem Shoppen findet man im freundlichen **Museumscafé** und im **Museumsgarten**.

DIE GRACHTEN, HAUTNAH

TRETBOOT-TOUR
AUF DEN SCHÖNSTEN KANÄLEN

WESTERMARKT

GRACHTENGÜRTEL-->

+ + + S T E C K B R I E F + + +
WO? STARTPUNKT: PRINSENGRACHT 279. GENAU
HINTER DER WESTERKERK +++ TRAM 13/17 WES-
TERMARKT +++ WANN? TÄGLICH. MAN BUCHT NUR
DEN TAG. DIE ABFAHRTSZEIT IST FREI. FAHRTEN
AB 10 UHR MÖGLICH. LETZTE ABFAHRT 16.30 UHR
+++ STROMMA.COM +++ WIE LANGE? 1 STUNDE
(AUCH 1.5 STUNDEN MÖGLICH) +++ WIE VIEL? BEI
BUCHUNG ONLINE 9 EURO/PERSON FÜR EINE STUNDE
(BEI BUCHUNG VOR ORT 1 EURO MEHR). PLUS KAU-
TION (20 EURO PRO BOOT) +++

GÜNSTIG, FAMILIENFREUNDLICH

SOGAR AUF DEM WASSER tritt man in Amsterdam in die Pedale! Eine Grachtenfahrt gehört zu Amsterdam wie der Eiffelturm zu Paris. Die großen und kleinen Ausflugsboote, offen oder verglast, sind die klassische Möglichkeit, die Stadt vom Wasser aus zu erleben. Ein Tretboot ist eine witzige Alternative. Ich buche im Internet eine einstündige Fahrt – eine Stunde ist die Mindestzeit und sollte meinen Oberschenkeln für den Anfang reichen.

Auf dem Tretboot-Parkplatz an der vornehmen Prinsengracht hinter der Westerkerk stehen die Boote in Reih und Glied. Die Sonne strahlt, der Himmel leuchtet blau. Ich habe eine Freundin als Verstärkung mitgebracht, und wir freuen uns auf eine Stunde auf dem Wasser. Wir melden uns bei der Verleihstation am Ufer, erhalten einen Stadtplan und wichtige Anweisungen: immer schön rechts fahren und große Boote vorbeilassen!

DIE GRACHTEN sind Einbahnstraßen, schärft uns der Mann am Verleih ein, wir können also nicht einfach irgendwo umkehren. Er zeichnet uns die Route für eine Stunde in den Stadtplan – und eine kleine Abkürzungsmöglichkeit.

Wir besteigen unser Tretboot, müssen alleine die Seile vom Ufer lösen und meistern die Aufgabe, ohne einen Spagat zwischen Boot und Ufer hinzulegen. Läuft! Wir steuern beherzt nach rechts, aber große Boote fahren vorbei, und auf dem unruhigen Wasser ist das Steuern nicht ganz so einfach. Wir schaffen es bis unter die schmale rechte Durchfahrt der ersten Brücke – dann schlägt das Tretboot an die Steinmauer, stellt sich quer und … wir hängen fest. Das nächste Tretboot ist schon im Anmarsch, also rückwärts treten, lenken, vorwärts, rückwärts – geschafft! Nach ein paar Minuten haben wir alles im Griff, und der Genuss beginnt. Die Sonne lässt das Wasser funkeln, und diese traumhaft schöne Stadt zieht langsam an uns vorbei. Die Grachtenhäuser mit ihren reich verzierten Giebeln, das Hellgrün der Bäume, die Menschen an den Cafétischen im Freien, die Hausboote, die die Kanäle am berühmten Grachtengürtel säumen.

VIELES SIEHT MAN vom Wasser aus noch besser: zum Beispiel, wie schief die Fassaden mancher historischer Grachtenhäuser sind! Dass sie sich nach vorne neigen, hatte einen guten Grund: So konnten Lasten hochgezogen werden, ohne dass sie gegen die Fassade schlugen. An manchen Giebeln erkennt man einen vorstehenden Balken, an dem der Flaschenzug angebracht wurde. Denn in den Häusern konnte man sperrige Gegenstände auf den steilen Treppen nicht transportieren. Auch auf dem Wasser sehen wir kleine verborgene Dinge, die wir sonst nicht wahrnehmen würden: Eine Vogelmama paddelt mit ihren flauschigen braunen Küken an uns vorbei, ein anderer Vogel hat sich ein gemütliches Nest in einem Holzboot gebaut. Vor lauter Schauen vergessen wir beinahe, im Blick zu behalten, wo wir jeweils abbiegen müssen, um unserem Rundkurs zu folgen. Am Leidseplein fahren wir zurück, und nach gut einer Stunde sind wir wieder an der Verleihstation. Beim Aussteigen fühlen sich unsere Oberschenkel ein bisschen schwer an – aber wir sind um ein intensives Erlebnis reicher!

WENN MAN SCHON MAL HIER IST:

Da man die Tretboot-Tour genau hinter der **Westerkerk** □→ startet, bietet sich ein Besuch der Kirche an, die 2019 allerdings zur Renovierung geschlossen ist (siehe S. 71). Vor der Kirche, an der Keizersgracht, steht das **Homomonument**. Es besteht aus rosa Granit-Dreiecken, die Bezug nehmen auf den Rosa Winkel – das Stofftuch, das sich homosexuelle KZ-Häftlinge an die Kleidung heften mussten.

SO EIN KÄSE!

EINE KÄSEVERKOSTUNG
IM REYPENAER PROEFLOKAL

<--GRACHTENGÜRTEL

✕ 🅣 DAM

+ + + S T E C K B R I E F + + +
WO? SINGEL 182 +++ TRAM 2/11/12/13/14/17/24
DAM. METRO 52 ROKIN +++ WANN? TÄGLICH MEHRE-
RE VERKOSTUNGEN (CHEESE TASTING CONNAISSEUR)
AUF ENGLISCH. BUCHUNG ÜBER DIE WEBSITE +++
REYPENAERCHEESE.COM +++ WIE LANGE? 1 STUNDE
+++ WIE VIEL? 17.50 EURO INKLUSIVE 6 SORTEN
KÄSE. WEINE UND WASSER +++

KÄSELÄDEN GIBT ES in Amsterdam an jeder Ecke. Auch Ladenketten, die verdächtig nach Touristenfallen aussehen, mit Fabrikkäse, der in allen Regenbogenfarben leuchtet. Klar, probieren kann man in all diesen Geschäften ein paar Würfel. Aber richtige Käseverkostungen sind Mangelware. Eine Ausnahme bildet der Käseladen von Reypenaer.

Ich spaziere die sonnige Singel entlang mit ihren schönen Giebelhäusern und betrete das ruhige Geschäft. Im Untergeschoss wartet ein gemütlicher Verkostungsraum. Auf jedem Tischchen stehen zwei Käse-Guillotinen mit insgesamt sechs Sorten Käse, in generösen Stücken zum Selbstabschneiden. Dazu eine Tabelle für die Proefnotities, also für akribische Einträge über Farbe, Alter, Konsistenz. Außer mir verbringen vier weitere Käsefreunde ihren Sonntagvormittag in dem Proeflokal: Die USA, Frankreich und Griechenland sind vertreten.

ERST DER »WERBEBLOCK«: Das Besondere am Reypenaer sei die Reifung wie im 19. Jahrhundert, erfahren wir. Seit über 100 Jahren reifen die Käselaibe in einem historischen Lagerhaus in Woerden. Dort schwanken Temperatur und Luftfeuchtigkeit, der Kaasmeester wendet, wischt und prüft den Käse sorgfältig per Hand. Die Laibe lagern auf Fichtenholz, dessen Aroma durch die poröse Rinde dringt. Eichenholz sei für Käse dagegen »horrible«, erklärt unser »Vorkoster« Eric. Das Ergebnis der ganzen Mühe: ein komplexer Geschmack. »Wir bauen Aromen auf.«

Der Star der Verkostung hat zwei Jahre Reifung hinter sich: der Reypenaer V.S.O.P. Eric schenkt roten Portwein ein und rät, Käse und Wein gleichzeitig im Mund zu halten. Käse mit zarten Kristallen und einem Hauch Haselnussaroma, umspült von samtigsüßem Portwein – eine Wahnsinns-Kombination! »Für mich ist das der beste Gouda der Welt«, schwärmt Eric, und so ganz übertrieben finde ich das nicht. Der Geschmack erinnert mich ... klingt absurd, aber er erinnert mich ganz klar an Mon-Chéri-Pralinen. Eric lacht. »Diese Assoziation haben unsere Gäste öfter.«

DER SPANISCHE STARKOCH Ferran Adrià, dessen einstiges Drei-Sterne-Restaurant El Bulli als bestes der Welt bejubelt wurde, nutzte den Reypenaer V.S.O.P. für sein 35-Gänge-Menü (ja, fünfunddreißig!). Der betreffende Gang bestand aus Popcorn, Zimt und Käse ... Aber wieso V.S.O.P.? Das ist doch eine Prädikatsbezeichnung für Cognac? »Stimmt, aber wir haben die Bezeichnung für unseren Käse gekauft und dürfen ihn somit offiziell so nennen«, erklärt Eric.

Ohne Prädikat kommt ein Ziegenkäse aus, der mein Favorit wird: ein weißer Chèvre Affiné, vier Monate gereift. Ich senke das Fallbeil der Guillotine, lege ein Käsestückchen auf die Zunge, und ... mmmmhhhh ... sehr cremig, das Ziegenaroma nicht zu aufdringlich. Ein Traum! »Nach zwölf Monaten wird der Geschmack bei Ziegenkäse bitter«, so Eric, »daher reift unserer höchstens zehn Monate.«

Eine vakuumverpackte Ecke Chèvre Affiné kaufe ich noch für zu Hause, bevor ich den Eckladen sehr satt und zufrieden verlasse.

WENN MAN SCHON MAL HIER IST:

Dessert gefällig nach der Käseverkostung? Genau gegenüber lockt **Puccini Bomboni** ☐→(Singel 184, So/Mo 11–19 Uhr, Di–Sa 9–19 Uhr). In dem schicken Geschäft werden Pralinen wie kleine Kunstwerke zelebriert. Man wählt aus vielen klassischen und besonderen Sorten in der Vitrine, zum Beispiel mit Zitronengras, Pfeffer oder Portwein. So süß die Pralinen, so bitter der Preis: Das Stück kostet 3 Euro – dafür sind sie frisch, handgemacht und groß!

WENN MAN SCHON MAL AM GRACHTENGÜRTEL IST

+++ SEHEN +++
+++ ESSEN +++
+++ AUSGEHEN +++
+++ SHOPPEN +++
+++ SCHLAFEN +++

ANNE FRANK HAUS

Das weltberühmte Tagebuch von Anne Frank gehört zum UNESCO-Weltdokumentenerbe. Ausgestellt ist es in dem Haus an der Prinsengracht 263, in dem die jüdische Familie Frank im Juli 1942 untertauchen musste. Die beengten Räume im Hinterhaus, Bilder, Zitate und Kurzfilme lassen einen als Besucher die dichte, beklemmende Atmosphäre, die das Tagebuch vermittelt, nachspüren. Hier ist man den Ängsten und Träumen von Anne Frank ganz nah.

+++ PRINSENGRACHT 263-267 +++ TRAM 13/17 WESTERMARKT +++ ANNEFRANK.ORG +++ APRIL-OKT. TÄGLICH 9-22 UHR. SONST TÄGLICH 9-19 UHR. SA 9-22 UHR +++ 10 EURO (PLUS 50 CENT RESERVIERUNG) +++ TICKETS NUR ONLINE UND FÜR EINE FESTE EINLASSZEIT! 80% WERDEN 2 MONATE IM VORAUS UM 12 UHR FREIGEGEBEN. DER REST UM 9 UHR FÜR DEN JEWEILIGEN TAG +++ PÜNKTLICH KOMMEN. SONST IST DER EINLASS UNWAHRSCHEINLICH! +++

WESTERKERK

In der Westerkerk, 1620 bis 1631 erbaut, befindet sich Rembrandts letzte Ruhestätte. Das, aber auch ihr weithin sichtbarer Turm, macht die Renaissance-Kirche zu einem Wahrzeichen der Stadt. Vom Turm hat man eine schöne Aussicht. Anne Frank erwähnt diesen Turm, dessen Glockenspiel sie in ihrem Versteck hören konnte, im Tagebuch.

+++ PRINSENGRACHT 281 +++ TRAM 13/17 WESTERMARKT +++ WESTERKERK.NL +++ KIRCHE 2019 WEGEN RENOVIERUNG GESCHLOSSEN. AKTUELLE ÖFFNUNGSZEITEN ONLINE +++ TURMBESTEIGUNG ALLE 30 MINUTEN (WESTERTORENAMSTERDAM.NL). ABER NUR APRIL-SEPT. 9-18.30 UHR. OKT. 9-18 UHR. 9 EURO +++

SPIEGELKWARTIER

Rund 70 Geschäfte – Kunstgalerien, Antiquariate, Juweliere – sind im Spiegelkwartier ansässig. Egal, ob Delfter Kachel oder moderne Kunst, ob Skulpturen aus Afrika oder historische Landkarten: Im Spiegelkwartier ist die Auswahl erlesener Kunstgegenstände riesig.

+++ NIEUWE SPIEGELSTRAAT. SPIEGELGRACHT UND DIE SEITENSTRASSEN +++ TRAM 1/7 SPIEGELGRACHT +++ SPIEGELKWARTIER.NL +++

←◻ MUSEUM VAN LOON

Sehr sehenswert! In der pompösen, 1672 erbauten Grachtenvilla fühlt man sich ins Goldene Zeitalter zurückversetzt. Ein Rundgang durch die eleganten Interieurs – Speisesaal, Gartenzimmer, Schlafräume – und den kleinen Garten lässt erahnen, wie das Leben einer der vornehmsten Familien der Stadt aussah. Der Name van Loon hatte in Amsterdam Gewicht, denn Willem van Loon war der Mitbegründer der Niederländischen Ostindien-Kompanie.

+++ KEIZERSGRACHT 672 +++ TRAM 4 KEIZERSGRACHT, METRO 52 VIJZELGRACHT +++ TÄGLICH 10–17 UHR +++ MUSEUMVANLOON.NL +++ 10 EURO +++

HERENGRACHT

Die Herengracht ist eine der schönsten Grachten der Stadt. Der erste Abschnitt wurde ab 1612 angelegt und reichte von der Brouwers- bis zur Leidsegracht. Ab 1658 folgte die Erweiterung bis zur Amstel. In dieser zweiten Bauetappe entstand auch die berühmte **Gouden Bocht** zwischen Leidsestraat und Vijzelstraat: In dieser »Goldenen Bucht« ließen sich die reichsten Bürger der Stadt – Ratsherren und Kaufleute – prächtige Wohnhäuser errichten.

+++ FÜR DIE GOUDEN BOCHT NIMMT MAN AM BESTEN DIE TRAM 2/11/12 KONINGSPLEIN +++

DE SILVEREN SPIEGEL

Grachtenhaus von 1614 mit historischen, edlen und gemütlichen Gasträumen. Die Kreationen aus der Küche sind kleine köstliche Kunstwerke. Kleiner Wermutstropfen: die Vorgabe, mindestens Vor- und Hauptspeise zu bestellen.

+++ KATTENGAT 4-6 +++ ALLE METROS UND TRAMS, DIE ZUM HAUPTBAHNHOF FAHREN. VON DORT 550 METER ZU FUSS +++ DESILVERENSPIEGEL.COM +++ KÜCHE: MO-SA 18-21 UHR +++ FR/SA NUR MENÜS +++ 4-GÄNGE-MENÜ 54.50 EURO +++

SAMPURNA

In Amsterdam sollte man sich die Küche der einstigen Kolonialländer nicht entgehen lassen. Im Sampurna genießt man indonesische Küche in modernem Ambiente. Spezialität ist die Reistafel (ab 2 Pers.) zu etwa 30 Euro pro Person.

+++ SINGEL 4985 +++ TRAM 1/2/5 KONINGSPLEIN +++ SAMPURNA.COM +++ TÄGLICH AB 12 UHR +++

RESTAURANT 'T ZWAANTJE

Urig, laut, voll: Auf den Tischen liegt Omas alter Teppich, auf den Teller kommt deftige holländische Küche. Das Gulasch mit Apfelmus schmeckt wie bei Muttern. Dazu ein gutes Craft-Bier.

+++ BERENSTRAAT 12 +++ TRAM 2/11/12 KONINGSPLEIN ODER DAM. TRAM 13/14/17/24 DAM +++ ZWAANTJE-RESTAURANT.NL +++ TÄGLICH 16.30-23 UHR +++

CAFÉ DE DOFFER

In der beliebten Kneipe lässt man sich zu Bier und Bitterballen (= Fleischkroketten) oder Satéspießchen nieder.

+++ RUNSTRAAT 12-14 +++ TRAM 2/11/12 KONINGSPLEIN ODER DAM. TRAM 13/14/17/24 DAM +++ CAFEDEDOFFER.NL +++ TÄGLICH 11-3 UHR +++

KINO TUSCHINSKI

Ein besonderes Erlebnis bietet das historische Kino Tuschinski mit der prächtigen Jugendstilfassade, 1921 eröffnet von dem polnischen Juden Abraham Tuschinski. Filmvorführungen in der Regel im Original mit englischen oder holländischen Untertiteln.

+++ REGULIERSBREESTRAAT 26 +++ TRAM 4/14 REMBRANDT-PLEIN +++ PATHE.NL +++ TÄGLICH AB 9.30 UHR +++

CAFÉ HEUVEL

Die Einrichtung der gern besuchten Kneipe ist ein wildes, buntes, abgeschabtes Sammelsurium, das Publikum angenehm gemischt.

+++ PRINSENGRACHT 568 +++ TRAM 1/7/19 SPIEGEL-GRACHT +++ CAFEHEUVEL.NL +++ MO-DO 10-1 UHR. FR/SA 10-2 UHR. SO 11-1 UHR +++

SOCKS WE LOVE

Der Laden ist vollgestopft mit knallbunten Strümpfen, Strumpfhosen und Socken. Sogar Socken mit den Gemälden großer niederländischer Meister gibt es.

+++ GASTHUISMOLENSTEEG 5 +++ TRAM 2/11/12/13/ 14/17/24 DAM +++ SOCKSWELOVE.COM +++ TÄGLICH 11-18 UHR +++

←□ GALERIE VAREKAMP

Ein schönes Souvenir sind die hübschen Drucke mit Amsterdamer Stadtansichten (Linol- und Siebdrucke) von Künstler Eddy Varekamp.

+++ HARTENSTRAAT 30 +++ EDDYVAREKAMP.NL +++ DO-SA 13-17 UHR UND NACH VEREINBARUNG (020/6257766) +++

THE TOREN

Theatralisch, plüschig und in kräftige Farben getaucht ist die Einrichtung dieses Hotels, das sich in zwei Grachtenhäusern aus dem 17. Jahrhundert befindet. DZ gut 200 Euro (über Website).

+++ KEIZERSGRACHT 164 +++ TRAM 13/17 WESTERMARKT +++ THETOREN.NL +++

T'HOTEL

Charmantes, familiäres Grachtenhaus aus dem 17. Jahrhundert. Den Zimmern verleihen apart gemusterte Tapeten in sanften Farben ein besonderes Flair. Bei Buchung über Website: DZ mit Frühstück ab ca. 150 Euro, bei mehreren Nächten auch günstiger.

+++ LELIEGRACHT 18 +++ TRAM 13/17 WESTERMARKT +++ THOTEL.NL +++

2

3
JORDAAN

+++ ERLEBEN +++

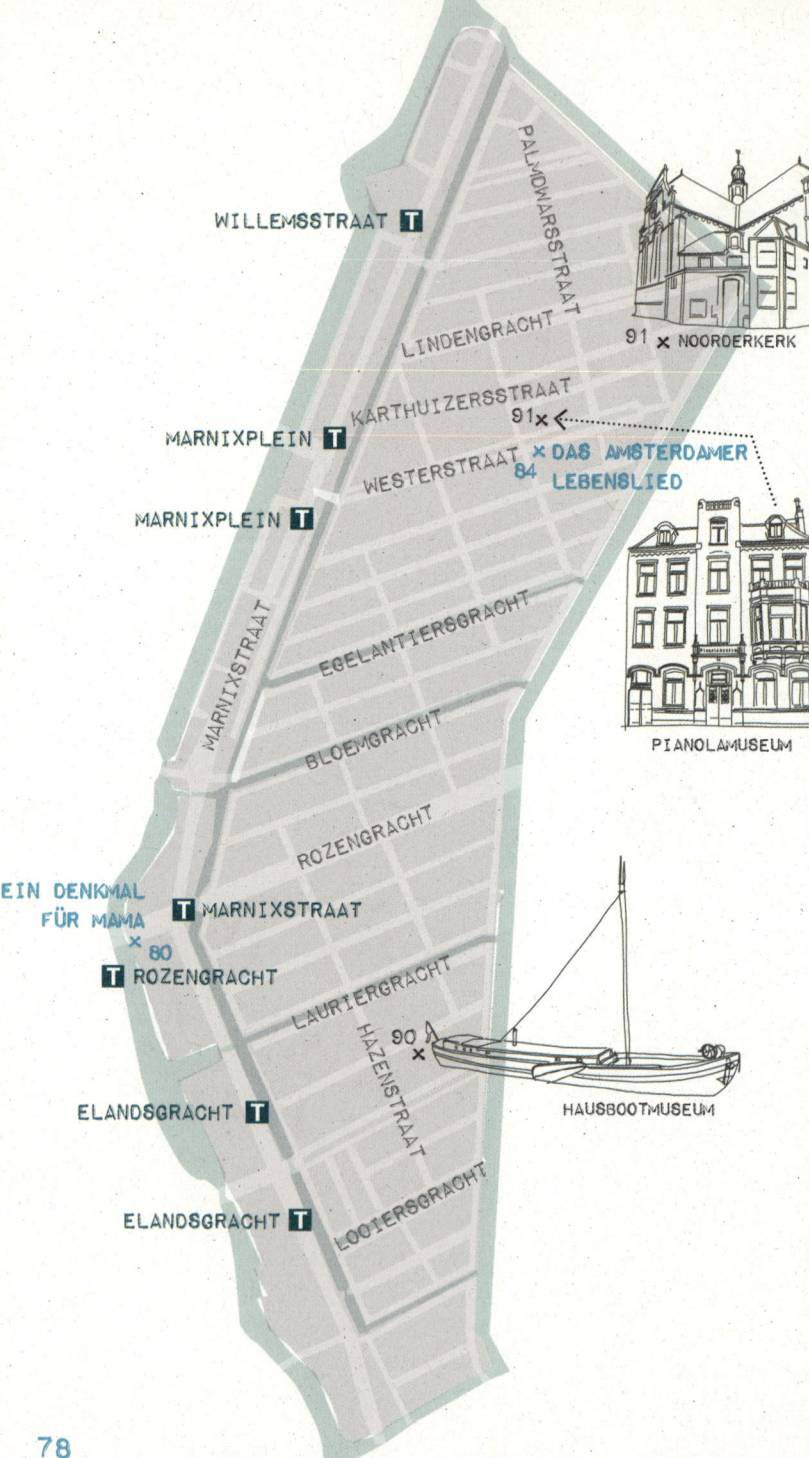

WILLEMSSTRAAT **T**

PALMDWARSSTRAAT

LINDENGRACHT

KARTHUIZERSSTRAAT

MARNIXPLEIN **T**

91 ×

WESTERSTRAAT × DAS AMSTERDAMER
84   LEBENSLIED

MARNIXPLEIN **T**

91 × NOORDERKERK

MARNIXSTRAAT

EGELANTIERSGRACHT

BLOEMGRACHT

ROZENGRACHT

PIANOLAMUSEUM

EIN DENKMAL
FÜR MAMA   **T** MARNIXSTRAAT
× 80
T ROZENGRACHT

LAURIERGRACHT

HAZENSTRAAT

90
×

ELANDSGRACHT **T**

HAUSBOOTMUSEUM

ELANDSGRACHT **T**

LOOIERSGRACHT

78

DAS EINSTIGE ARME-LEUTE-VIERTEL

ist heute hip. Im 17. Jahrhundert wurde der Stadtteil angelegt, als im Goldenen Zeitalter reiche Bürger nach Amsterdam zogen. Im Jordaan lebten Handwerker, die an der Stadterweiterung mitarbeiteten, später auch Hafen- und Industriearbeiter. In den 1960ern entdeckte die Alternativszene das historische Viertel. Heute leben Alt-Jordaanesen, betuchte Singles und Familien in dem angesagten Stadtteil. Besondere Läden, trendige Lokale, traditionelle Kneipen und die typischen grünen Innenhöfe machen das Jordaan-Erlebnis aus.

JORDAAN-->

EIN DENKMAL FÜR MAMA

TAUSENDE MÜTTER-FOTOS AN DEN WÄNDEN DES RESTAURANTS MOEDERS

ROZENGRACHT   <--JOORDAN

+ + + S T E C K B R I E F + + +
WO? ROZENGRACHT 251 +++ TRAM 13/14/17 RO-
ZENGRACHT +++ MOEDERS.COM +++ WANN? MO-FR AB
17 UHR, SA/SO AB 12 UHR +++ WIE VIEL? HAUPT-
GERICHTE 16-21 EURO +++

EIN KLEINER RESTAURANT-TIPP für dieses Buch sollte es eigentlich nur werden. Vor allem wegen der vielen Fotos von Müttern, von denen ich gelesen hatte. Doch als ich das Restaurant an der Rozengracht erstmals betrete, traue ich meinen Augen kaum: Das sind ja viel mehr Bilder, als ich dachte! Von oben bis unten, von links nach rechts sind sämtliche Wände mit Fotos von Müttern »tapeziert«. Rahmen an Rahmen, Bild an Bild. Und weil es an den Wänden inzwischen eng geworden ist, ergießt sich die Bilderflut auch über Türen und Wandvorsprünge, ja sogar bis auf die Toilette! Mehr als 3.000 Fotos haben sich im Laufe der Jahre angesammelt, weiß die Bedienung zu berichten. Ich nehme Platz am letzten freien Tisch und vertiefe mich in das Bildermeer.

DIE FOTOS SIND BUNT, schwarz-weiß oder sepia, sie zeigen Mütter aus mehreren Generationen und spiegeln nebenbei das Frauenbild im Wandel. Neben Müttern von heute zeigen die Bilder Frauen mit bravem weißen Kragen, Frauen in gezierter Pose im Garten auf der Schaukel, Frauen mit Perlenkette und Turmfrisur. Glückliche junge Mütter beim Baden ihrer Babys strahlen neben ernsten alten Damen, die es vermutlich nicht leicht hatten, ihre Kinder durchzubringen. Lockere Familienbilder am Meer, festliche Hochzeitsfotos, steife Fotostudio-Aufnahmen – die ganze Vielfalt des Lebens breitet sich vor mir aus. Wer denkt sich so was aus? Ein Mann! Jurriaan van der Reijden heißt der Restaurantbesitzer, der seit der Lokaleröffnung im Jahr 1990 Bilder sammelt und sammelt und sammelt … Wieso? Die Antwort kommt schnell und mit einem Lachen: »Ich habe einen sehr großen Mutterkomplex!« Ernsthafter fügt der Chef an: »Ich wollte einen Lokalnamen, der sich einprägt. Als ich mit einem Freund in einer Kneipe saß und sagte, ich müsse gleich noch zu Moeders, also zu Muttern, da kam ich drauf: Das ist der Name! Und dann entstand das ganze Konzept drumherum.« Natürlich hängen auch zwei Fotos von seiner Mama im Lokal.

ZUR ERÖFFNUNG bat der Inhaber alle Gäste, ein Foto von ihrer Mutter mitzubringen. Seitdem reißt der Bilderstrom nicht ab. Die Gäste bringen die Bilder fertig gerahmt: mit Rahmen aus Plüsch oder Plastik, Holz oder Kork, kariert oder geblümt, rosa oder grün, briefmarkenklein oder auffallend groß. Und da mittlerweile kaum noch ein Plätzchen frei ist, behilft sich Jurriaan neuerdings mit einem digitalen Bilderrahmen, der alle paar Sekunden eine neue Mama zeigt. Natürlich gehört auch Essen wie bei Muttern zum Konzept – bodenständige niederländische Küche. »Klar, meine Mutter konnte auch toll kochen«, sagt der Chef und schnalzt mit der Zunge beim Gedanken an Mamas *Suddervlees* (Rind mit Kartoffeln und Rotkohl), das auch auf der Speisekarte steht. Während ich einen vegetarischen *Stamppot* genieße, fragt ein Gast am Nebentisch schmunzelnd seine Begleitung: »Wo sind eigentlich die Väter?« »Ja, die passen halt nicht ins Konzept«, antwortet der Chef. Und versichert: »Willkommen sind sie trotzdem!«

WENN MAN SCHON MAL HIER IST:

Absacker gefällig? Wie wär's mit einem Drink in den **Foodhallen** ⮕ mit ihrer anregenden Atmosphäre (siehe S. 237)? Nach einem gut zehnminütigen Verdauungsspaziergang ist man dort. Der Restaurantbesuch lässt sich aber auch prima mit einem Abstecher ins 500 Meter entfernte **Antiekcentrum Amsterdam** (siehe S. 95) verbinden. Der Besuch lohnt, für diese Fundgrube mit Seltenem und Seltsamem sollte man genügend Zeit einplanen.

DAS AMSTERDAMER LEBENSLIED

EIN BESUCH IM KULT-CAFÉ NOL

JOORDAN-->

MARNIXPLEIN T   x

+ + + S T E C K B R I E F + + +
WO? WESTERSTRAAT 109 +++ TRAM 3/5 MARNIXPLEIN +++
CAFENOL.AMSTERDAM +++ WANN? MI/DO/SO 21-3 UHR.
FR/SA 21-4 UHR. JEDEN DONNERSTAG LIVEMUSIK.
SONST - AUSSCHLIESSLICH NIEDERLÄNDISCHE - MU-
SIK AUS DER KONSERVE +++ WIE VIEL? EINTRITT
FREI. BIER: 0.2L = 2.60 EURO +++

DER SÄNGER SCHMETTERT Amsterdamer Lieder, die Gäste singen selig mit, die Kristallkronleuchter glitzern, und an der Bar herrscht Hochbetrieb. Genau so muss es sein, wenn im legendären Café Nol am Donnerstagabend Livemusik ist. Das Café Nol ist Kult in Amsterdam – wegen der Musik, der Einrichtung, der Stimmung. Das *Amsterdamse Levenslied*, eine Mischung aus Volkslied, Chanson und Schlager, ist hier zu Hause, und das üppige Dekor erinnert an Omas gute Stube. Kurz: Das Café Nol ist Niederländern ein Stück Heimat. Weinrote Tapeten mit Goldmuster zieren die Wände – passend zu den bordeauxroten Gardinen mit goldener Borte. Auf einem Leuchter mit Stofflampenschirmen hat ein Porzellanengel Platz genommen. Champagnerkühler, Kunstblumen und Fotos vervollständigen den Deko-Overkill, der seit der Eröffnung unverändert ist.

IN VIERTER GENERATION wird das kleine Familienunternehmen bereits betrieben. Elisabeth Grijzenhout, kurz: Lisa, steht bei meinem Besuch hinter der Theke. Seit sieben Jahren arbeitet die sympathische junge Frau in dem Lokal mit, das sie von Kindesbeinen an kennt. Ihre Urgroßeltern haben das Café 1966 gegründet. »Meine Uroma wollte es einrichten wie ein holländisches Wohnzimmer jener Zeit«, erzählt mir Lisa, »schließlich wusste sie, dass sie im Café mehr Stunden verbringen würde als daheim!« Beständigkeit ist auch bei der Musik das Motto: Seit 13 Jahren intoniert Ronald Engel im Café Nol das Amsterdamse Levenslied – manches gecovert, manches selbst komponiert. Der Sänger mit warmer sonorer Stimme, Golduhr und einem Ring an jedem kleinen Finger ist im Jordaan geboren und kennt das Lebensgefühl im Viertel. Die Gäste hängen an seinen Lippen, die meisten singen textsicher mit – das Café Nol hat seine Stammgäste. Neben mir steht ein niederländischer Frachterkapitän. »Ich komme seit 25 Jahren ins Café Nol«, erzählt er mir. »Es ist wie heimkommen.« Das Publikum ist angenehm gemischt: junge und alte, langjährige und neue Gäste, Einheimische und auch Touristen.

SOGAR KÖNIGLICHER BESUCH schaute schon im Café Nol vorbei. Máxima und Willem Alexander standen eines Abends plötzlich vor der Tür, als sie noch Kronprinz und Prinzessin waren. Lisa erzählt lachend: »Erst kamen mehrere Männer rein und fingen an, die Tische zu inspizieren und die Toiletten – irgendwann fragte ich: ›Was tun Sie denn da, wir haben Hochbetrieb, und Sie blockieren die Eingangstüre!‹« Da outeten sie sich als royale Security-Truppe. »Dann betraten Máxima und Willem Alexander das Café, stellten sich einfach an einen Tisch, bestellten Bier, tanzten eine Weile und gingen wieder.« Auch andere niederländische Prominenz wie Linda de Mol und TV-Star Chantal Janzen (in Deutschland bekannt von *The Voice Kids*) tritt ab und an über die Schwelle des plüschigen Ecklokals.

Doch am schönsten sind die Abende mit den ganz normalen Menschen aus dem Viertel.

WENN MAN SCHON MAL HIER IST:

Vor dem ersten Bier im Café Nol kann man eine Grundlage im Magen schaffen – im nahen **Café Winkel 43** (siehe S. 92) □→. Davor lohnt sich ein Abstecher zu einem der **Hofjes**. Das waren im 17. Jahrhundert Häuserkomplexe mit grünen Innenhöfen für Witwen, Waisen und andere Bedürftige, finanziert von reichen Kaufleuten. Im Arme-Leute-Viertel Jordaan gab es besonders viele davon. Der größte ist der Wohnkomplex **Huyszitten-Weduwenhof** von 1650 (Karthuizersstraat 89–171).

WENN MAN SCHON
MAL IM
JORDAAN
IST

+++ SEHEN +++
+++ ESSEN +++
+++ AUSGEHEN +++
+++ SHOPPEN +++
+++ SCHLAFEN +++

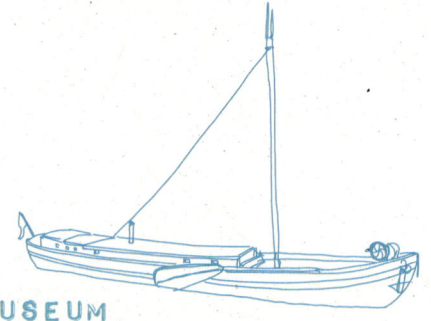

⌂↑ HAUSBOOTMUSEUM

Gemütlich ist's heute da, wo sich früher Güter türmten. Das 1914 erbaute Frachtschiff *Hendrika Maria* transportierte bis in die 1960er-Jahre Sand und Kies. Der Schiffer und seine Familie wohnten im hinteren Teil des Bootes. Dann wurde es zum Hausboot umgebaut und 20 Jahre bewohnt. 1997 eröffnete das Hausbootmuseum. So steigt man heute fünf Stufen hinab – und taucht ein in eine vergangene Welt. Besonders die kleine nostalgische Küche hat es mir angetan, und auf die Sessel in der guten Stube darf man sich setzen, die Augen schließen und das leichte Schaukeln genießen.

+++ PRINSENGRACHT 296 K +++ TRAM 5/7/17/19 ELANDSGRACHT +++ HOUSEBOATMUSEUM.NL +++ DI-SO (JULI/AUG. AUCH MO) 10-17 UHR +++ 4.50 EURO +++

PIANOLAMUSEUM

In dem liebenswerten Mini-Museum lebt Musik aus Groß-
mutters Zeiten auf. Besucher sehen und hören die über
100 Jahre alten Pianolas und können sich über die Funkti-
onsweise der selbstspielenden Instrumente informieren.
30.000 Musikrollen gehören zum Schatz des Museums.
Regelmäßig finden auch Konzerte statt (aktuelles Programm auf der Website).

+++ WESTERSTRAAT 106 +++ TRAM 3 MARNIXPLEIN +++
PIANOLA.NL +++ FR/SA 13-17 UHR, SO 13-16 UHR
+++ 9 EURO +++

NOORDERKERK

Hendrick de Keyser, der Stararchitekt des Goldenen Zeitalters, erschuf 1620 bis 1623 die Noorderkerk. Auf einem
achteckigen Grundriss erhebt sich der Bau in Form eines
griechischen Kreuzes mit vier gleich langen Seiten. Die
Noorderkerk ist eine der ersten Kirchen weltweit, die für
calvinistische Gottesdienste erbaut wurden. Die Kanzel
befindet sich in der Mitte, der Innenraum strahlt schlich-
te Schönheit aus.

+++ NOORDERMARKT 48 +++ TRAM 3 NW. WILLEMS-
STRAAT +++ MO 10.30-12.30 UHR, SA 11-13 UHR,
KONZERTE: MITTE SEPT.-MITTE JUNI AM SA UM 14 UHR
+++ NOORDERKERK.ORG +++

WINKEL 43

Nach intensiver Appeltaart-Recherche im Stadtgebiet muss ich sagen: Ja, es ist nicht nur ein Gerücht. Das Café Winkel hat tatsächlich den besten Apfelkuchen von Amsterdam! Frisch, mürb, saftig, aromatisch (4,40 Euro das Stück). 80–90 Apfelkuchen werden dort gebacken – pro Tag! Suppen, Salate oder Pasta kann man aber auch essen.

+++ NOORDERMARKT 43 +++ TRAM 3 NW. WILLEMSSTRAAT +++ WINKEL43.NL +++ MO 7-1 UHR, DI-DO 8-1 UHR, FR 8-3 UHR, SA 7-3 UHR, SO 10-1 UHR +++

3

WALDO PATISSERIE

Großartig schmeckende, bildschöne Törtchen (zum Mitnehmen) ließen mich zum Wiederholungstäter im Waldo werden.

+++ ELANDSGRACHT 91 +++ TRAM 13/17 ELANDSGRACHT +++ WALDOPATISSERIE.NL +++ MO-SA 10-18.30 UHR +++

←□ HET PAPENEILAND

Sehr urige Jordaan-Kneipe anno 1642 – mit viel Holz, Delfter Kacheln, einem alten Ofen und einer gemütlichen, schummrigen Empore.

+++ PRINSENGRACHT 2 +++ NÄCHSTE HALTESTELLE: HAUPTBAHNHOF (AMSTERDAM CENTRAAL). VON DORT CA. 15 MINUTEN ZU FUSS +++ PAPENEILAND.NL +++ MO-DO 10-1 UHR, FR/SA 10-3 UHR, SO 12-1 UHR +++

BIO-MARKT

Auf dem schönen Bio-Markt an der Noorderkerk, dem ersten der Niederlande, verkaufen 30 Bauern seit 1987 Obst, Gemüse, Brot, Käse, Fisch, Blumen. Der perfekte Ort, um sich ein Frühstück oder einen Lunch zusammenzustellen.

+++ NOORDERMARKT +++ TRAM 3/10 MARNIXPLEIN, 13/14/17 WESTERMARKT +++ BIOLOGISCHENOORDERMARKT.NL +++ JEDEN SAMSTAG 9-16 UHR +++

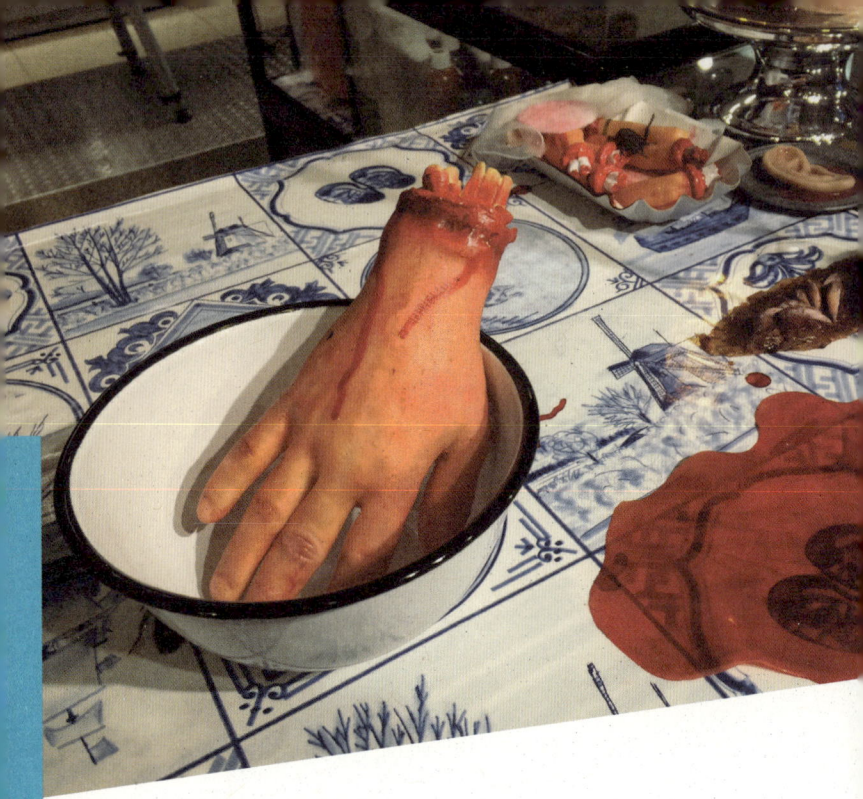

CAFÉ DE TUIN

»Gezellig« geht es in der beliebten Stadtteilkneipe zu. Auf der Karte steht eine recht große Bierauswahl, dazu gibt es Kleinigkeiten zu essen.

+++ TWEEDE TUINDWARSSTRAAT 13 +++ TRAM 5 MARNIXPLEIN +++ CAFEDETUIN.NL +++ MO-DO 10-1 UHR, FR/SA 10-3 UHR, SO 11-1 UHR +++

BOOM CHICAGO

Das Boom Chicago ist bekannt für seine bissigen Comedy-Shows. Jeden Samstagabend findet allerfeinstes Improvisations-Theater statt – auf Englisch.

+++ ROZENGRACHT 117 +++ TRAM 13/17 MARNIX-STRAAT +++ BOOMCHICAGO.NL +++

←□BACK STAGE

Von Theaterblut bis Halloween-Schminke: Das Geschäft für professionelles Make-up ist ein Eldorado für Verwandlungsfreudige.

+++ ROZENGRACHT 101-103 +++ TRAM 13/14/17 ROZENGRACHT +++ MO 11-18 UHR, DI-FR 10-18 UHR, SA 10-17 UHR +++

ANTIEKCENTRUM AMSTERDAM

Ein Sog zog mich immer tiefer in dieses Labyrinth: Kunst und Kuriositäten vom 17. Jahrhundert bis in die 1950er – all das lagert in den Vitrinen des größten Indoor-Antikmarktes der Niederlande (1.700 Quadratmeter).

+++ ELANDSGRACHT 109 +++ ANTIEKCENTRUMAMSTERDAM.NL +++ MO UND MI-FR 11-18 UHR, SA/SO 11-17 UHR +++

HOTEL MERCIER

Hohe Stuckdecken, Parkett und eine raffinierte Einrichtung, die plüschig und modern zugleich ist, mit einem Mix aus kräftigen Mustern und sanften Farben: Das ist das Wohlfühlrezept für dieses Hotel mit 48 Zimmern in einem altehrwürdigen Gebäude. DZ ab ca. 160 Euro.

+++ ROZENSTRAAT 12 +++ TRAM 13/17 WESTERMARKT +++ HOTELMERCIER.COM +++

HOTEL WIECHMANN AMSTERDAM

Das familiengeführte Traditionshotel wurde bereits 1940 eröffnet. Seit Jahrzehnten schätzen Gäste die liebevoll-altmodische Einrichtung des gepflegten Hauses. Schön sind die Zimmer mit Grachtenblick. DZ mit Grachtenblick um 160 Euro.

+++ PRINSENGRACHT 328-332 +++ TRAM 5/7/19 ELANDSGRACHT +++ HOTELWIECHMANN.NL +++

4
OUD ZUID

+++ ERLEBEN +++

VONDELPARK

STENDELIJK MUSEUM

123

124

VAN BAERLESTRAA
✗
MUSEUMPLE

MUSIK AM MITT

VAN BAERLESTRAAT

CORNELIS KRUSEMANSTRAAT

DIE ZARTE SEELE
112 DER ALTEN TANTE TRAM
T
HAARLEMMERMEERSTATION

AALSMEENWEG

116
✗ DIE VOLLKOMMENE RUHE

STADIONWEG

AMSTELVEENSEWEG M T

OUD ZUID-->

98

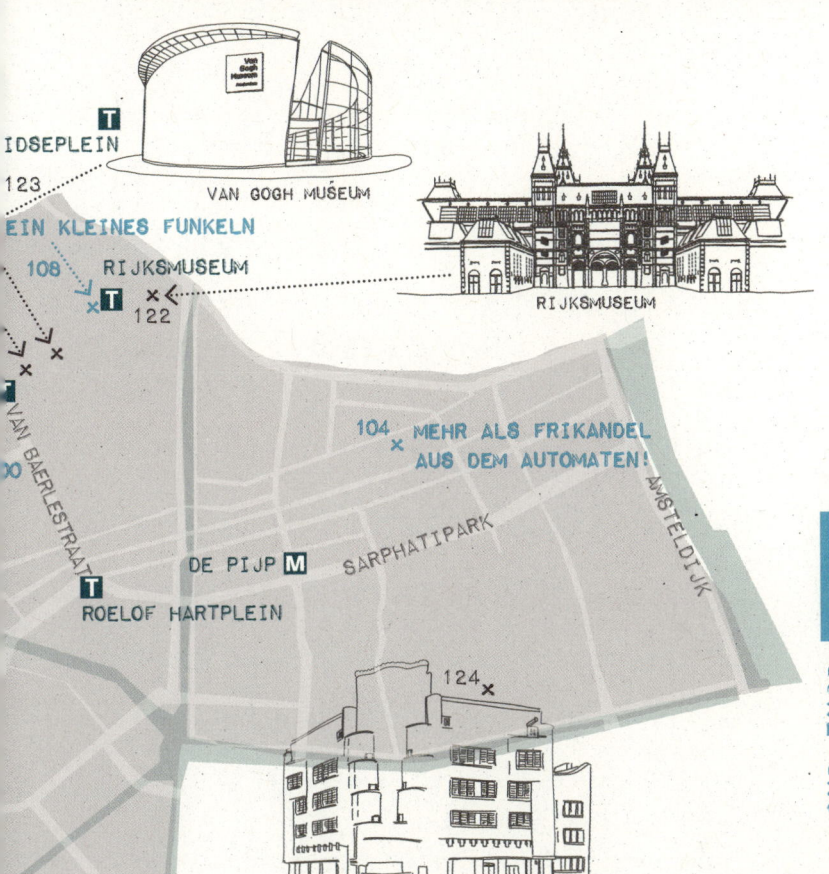

VIEL RAUM zum Entdecken und Erleben: Der Bezirk Amsterdam-Zuid umfasst einige der Juwelen der Stadt. Im Museumskwartier funkeln mit dem Rijksmuseum, dem Van Gogh Museum und dem Stedelijk Museum drei Hochkaräter der Kunst, umgeben von edlen, stimmungsvollen und gemütlichen Einkaufs- und Wohnstraßen. Die Atmosphäre in De Pijp mit dem größten Tagesmarkt Europas ist anders: Das ehemalige Arbeiterviertel präsentiert sich heute hip und quirlig. Viele der 180 Nationen Amsterdams sind hier zu Hause.

MUSIK AM MITTAG

KOSTENLOSES KONZERT UND FÜHRUNG IM BERÜHMTEN CONCERTGEBOUW

<--OUD ZUID

🚊 VAN BAERLESTRAAT
MUSEUMPLEIN
×

+ + + S T E C K B R I E F + + +

WO? CONCERTGEBOUWPLEIN 10 +++ TRAM 2/3/5/12 MUSEUMPLEIN ODER VAN BAERLESTRAAT +++ **WANN?** GRATIS-MITTAGSKONZERT WÖCHENTLICH. MEIST MITTWOCH UM 12.30 UHR (AKTUELLES PROGRAMM AUF DER WEBSITE). JEDOCH NICHT JULI UND AUGUST. FÜHRUNG: MO/FR 17 UHR. MI 13.30 UHR. SO 12.30 UHR +++ CONCERTGEBOUW.NL +++ **WIE LANGE?** KONZERT: 30 MINUTEN. FÜHRUNG: 75 MINUTEN +++ **WIE VIEL?** KONZERT GRATIS. FÜHRUNG 11 EURO +++ **WICHTIG!** OFFIZIELL SIND DIE KONZERTTICKETS AB 11.30 UHR ZU HABEN. DOCH MAN SOLLTE VORHER DA SEIN: DIE TICKETS WERDEN VERGEBEN. SOLANGE DER VORRAT REICHT. NUR 1 TICKET PRO PERSON. HEISST: ALLE. DIE ZUM KONZERT MÖCHTEN. MÜSSEN SELBST IN DER SCHLANGE ANSTEHEN! +++

DIE SCHLANGE sparsamer Kunstfreunde reicht bis auf die Straße. Denn die Tickets für das Gratis-Mittagskonzert im Koninklijk Concertgebouw, dem Königlichen Konzertgebäude, sind begehrt. Ich reihe mich ein, erhalte meine Karte. Dann öffnen sich die Türen, und ein Menschenstrom ergießt sich in den Kleinen Saal. Der ovale Raum wirkt edel und intim, Stuck und Halbsäulen zieren die hellen Wände, ein Kronleuchter glitzert. Licht aus, Spot an, und das junge Duo *IKT* aus Slowenien legt los: Altsaxofon und Percussions. Ein unbekanntes Ensemble spielt unbekannte Musik. Ich bin gespannt ... Nach den ersten Klängen weiß ich, dass sich das Schlangestehen gelohnt hat. Die Musik perlt und seufzt, ist frisch und überraschend, und es macht Spaß, den zwei jungen Frauen zuzusehen und zuzuhören. Die 30 Minuten verfliegen!

ICH WILL NOCH BLEIBEN und buche die folgende Führung. Schließlich ist das Concertgebouw eines der besten Konzerthäuser der Welt. 1886 war das Gebäude zwar fertig, es dauerte aber zwei lange Jahre, bis Zugangswege und Straßenbeleuchtung die Nutzung des Hauses ermöglichten. Dahinter hörte die Stadt damals nämlich auf. Der Große Saal ist bis heute für seine Akustik berühmt. Alle 20 Jahre wird er gestrichen – und selbst die feuchten Wände bringen die empfindliche Akustik aus dem Gleichgewicht.

Eindrucksvoll finde ich das kleine, feine Antichambre für die Solokünstler – ein Blick in eine sonst verschlossene Welt. Zwei Samtsofas unter einem Kronleuchter, ein Klavier, darauf benutzte Kaffeetassen. Maria Callas stand schon auf der Terrasse vor diesem Zimmer, auch Aretha Franklin und *The Jackson Five* warteten hier auf ihren Auftritt. Wie viel Lampenfieber mag dieser Raum schon erlebt haben? Dann endlich ist es so weit: Wir gehen zum Großen Saal. Unser Tourguide reißt schwungvoll die Flügeltüren auf, und zu unseren Füßen liegt der Zuschauerraum. Applaus brandet auf in unserer Fantasie, erhobenen Hauptes schreiten wir die 25 Stufen zur Bühne hinab und versetzen uns in einen kurzen Moment des Ruhms hinein …

DIE »KATAKOMBEN« sind nicht minder spannend: Lagerräume für die Stühle aus dem Großen Saal,
zwei Kontrabässe, die traurig in der Ecke stehen, der Las-
tenaufzug für die Klaviere. Und in einer unscheinbaren
Kammer, präzise klimatisiert, schlummern zwei funkel-
nagelneue Steinway-Flügel, jeder 150.000 Euro wert! »Wir
haben Fulltime-Klavierstimmer, die für jeden Künstler individuell das Klavier stimmen: romantisch, dynamisch ...
je nach Wunsch«, erklärt unsere Führerin. »Und nach dem
Konzert wird das Klavier dann wieder in den Anfangs-
zustand versetzt.« Jeder von uns darf kurz klimpern –
vorsichtig berühren wir die Tasten, als könnten wir den
sensiblen Flügel stören. Und dann muss er auch schon
wieder unter seine Abdeckhaube zurück.

Zum Abschluss nehme ich einen Cappuccino im modernen Concertgebouw-Café und schaue durch die verglaste
Fassade mitten ins quirlige Stadtleben – kaum zu glauben,
dass Amsterdam vor gut 130 Jahren hier zu Ende war!

**WENN MAN SCHON
MAL HIER IST:**
Nördlich des Vondelparks versteckt sich eine kaum bekannte
Attraktion: **De Hollandsche Ma-
nege.** Die älteste Reitschule der
Niederlande geht auf das Jahr
1844 zurück, das Gebäude stammt
von 1882 (Vondelstraat 140,
dehollandschemanege.nl). Das
**Museum zur Geschichte der
Reitschule** öffnet täglich von
10 bis 17 Uhr, der Eintritt kostet 8
Euro (levendpaardenmuseum.nl).
Gegenüber dem Concertgebouw
befindet sich das bekannte **Stedelijk Museum** (siehe S. 124) □→

MEHR ALS FRIKANDEL AUS DEM AUTOMATEN!

STREETFOOD-STREIFZUG VON HOLLAND BIS SURINAM

OUD ZUID-->

DE PIJP M

+ + + S T E C K B R I E F + + +
WO? TOKO RAMEE: FERDINAND BOLSTRAAT 74 +++
TJIN'S TOKO: EERSTE VAN DER HELSTRAAT 64
+++ ALBERT CUYP MARKT: ALBERT CUYPSTRAAT +++
METRO 52 DE PIJP +++ WANN? TOKO RAMEE: DI-FR
10-18.30 UHR. SA 10-18 UHR. TJIN'S TOKO: MO-
SA 10-19.30 UHR. ALBERT CUYP MARKT: MO-SA
9-17 UHR +++ TOKORAMEE.COM +++ TJINSTOKO.EU
+++ ALBERTCUYP-MARKT.AMSTERDAM +++ WIE LAN-
GE? MINDESTENS EIN HALBER TAG +++

NEIN. DIE HOLLÄNDER frittieren nicht alles. Und sie ernähren sich auch nicht nur von Frikandel (= frittierte Fleischrolle) aus dem Automaten. Tatsächlich lässt sich in Amsterdam richtig gute niederländische Küche finden! Die Stadt ist aber auch berühmt für kulinarische Genüsse aus den ehemaligen Kolonien, auf hohem Niveau zubereitet. IchIch genehmige mir deshalb einen ausgedehnten Streetfood-Streifzug mit holländischen Happen und exotischem Fingerfood – und komme voll auf meine Kosten! Der beliebte Albert Cuyp Markt und die umliegenden Straßen im stimmungsvollen De-Pijp-Viertel sind an diesem Nachmittag mein kulinarisches Revier. So kann ich abwechselnd essen und bummeln, essen und bummeln. Schließlich gilt der Albert Cuyp Markt als der größte tägliche Markt Europas!

ERSTE STATION ist das Toko Ramee: ein alteingesessener Asia-Laden mit indonesischen Lebensmitteln und köstlichen kleinen Gerichten in der Vitrine. Ich bestelle Pastei für 1,95 Euro das Stück: mürber, warmer Teig, gefüllt mit pikant gewürztem Hackfleisch, dazu ein süßliches Chutney ... himmlisch! Eigentlich könnte ich immer weiter Pastei essen, reiße mich aber los und ziehe weiter zum Tjin's Toko. Das unscheinbare Lebensmittelgeschäft hält in einer Warmtheke Köstlichkeiten aus Surinam bereit. Ich entscheide mich für goldgelbe, knusprig frittierte Kochbananen mit einer würzigen Saté-Soße: ein denkwürdiges Geschmackserlebnis! Die Kundschaft versammelt sich um die zwei Holzfässer im Freien und genießt. Kein Wunder, dass der Laden bereits in dritter Generation geführt wird ...

Ich schlendere weiter zum Albert Cuyp Markt. Bekannt ist der Fischstand (Vijshandel) dort. Ich ordere haring und befördere ihn auf holländische Art in den Mund: Am Schwanz packen, den Kopf in den Nacken und rein damit! Er schmeckt frisch und zart. Seit Jahrhunderten gehört der einstige Arme-Leute-Fisch zur niederländischen Küche. Die ersten Heringe der Saison werden ans Königshaus geschickt, was ihren Stellenwert deutlich macht.

VOR DEM DESSERT lege ich eine Futterpause ein. Der Markt bietet auch andere Stände ohne Ende: Lebensmittel, Kleidung, Haushaltswaren, Deko, Krimskrams. Noch mehr mag ich den Blick in die kleinen Geschäfte hinter den Marktständen: Lebensmittel aus aller Welt, Mode, Schmuck. Bei einem Paar Ohrringe werde ich schwach. Und widme mich anschließend der schönsten Nebensache der Welt: dem Dessert.

Gleich neben dem Fischstand werden die besten Poffertjes (= Mini-Pfannkuchen) der Stadt verkauft: Ich bestelle bei Poffertjes Albert Cuyp eine Portion für drei Euro: Die Mini-Pfannkuchen mit Puderzucker sind fluffig und lecker! Ich bin satt. Sehr satt. Aber ... nur wenige Meter weiter ist ein Stroopwafel-Stand. Und zwar nicht irgendeiner, sondern Original Stroopwafels Albert Cuyp. Das ist der Einzige, der die runden Waffeln mit Karamellfüllung nach dem Originalrezept aus Gouda backt. Der würdige Abschluss einer kalorienreichen Tour!

✕

WENN MAN SCHON MAL HIER IST:

Der **Sarphatipark** ☐→ist eine kleine grüne erholsame Oase im De-Pijp-Viertel, mit Teich, Springbrunnen und Spielplatz. Benannt ist er nach dem jüdischen Arzt Samuel Sarphati (1813–1866), der die Idee zur Anlage des englischen Landschaftsgartens hatte. Während der deutschen Besatzung wurde Sarphatis Statue entfernt und nach dem Krieg wieder aufgestellt. Das Areal um den Park ist heute eine beliebte Wohngegend mit hübschen Lokalen.

EIN KLEINES FUNKELN

DIAMANT-WORKSHOP IN DER ÄLTESTEN SCHLEIFEREI DER WELT

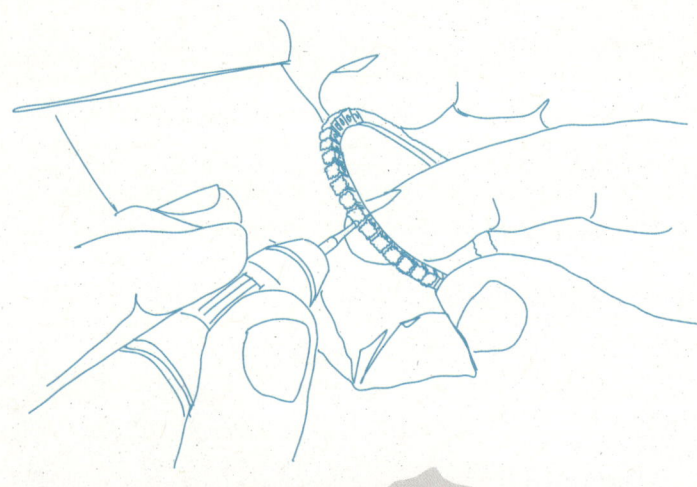

OUD ZUID-->
VAN BAERLESTRAAT **T** ×

+ + + S T E C K B R I E F + + +
WO? PAULUS POTTERSTRAAT 2-8 +++ TRAM 2/3/5/12
VAN BAERLESTRAAT +++ WANN? NACH VEREINBARUNG
+++ WIE LANGE? VIER STUNDEN +++ WIE VIEL?
WORKSHOP »MASTERCLASS DELUXE« 475 EURO/
PERSON INKLUSIVE DIAMANT (UNGESCHLIFFEN
0.25 BIS 0.35 KARAT, GESCHLIFFEN 0.15 KARAT)
+++ WICHTIG! BEI DER BUCHUNG DIE GEWÜNSCHTE
SPRACHE ANGEBEN! +++

4

DIAMANTEN HABEN TRADITION in Amsterdam – seit über 400 Jahren. In der Grachtenstadt befindet sich sogar die älteste noch existierende Diamantschleiferei der Welt! Royal Coster Diamonds heißt das 1840 gegründete Unternehmen, das heute in drei vornehmen Altbauten im Museumsviertel residiert. Um dem Normalsterblichen einen Einblick in die funkelnde Kunst zu geben, bietet die Traditionsfirma Workshops im Diamantenschleifen an. Am Ende steht ein Diamant, den man fassen lassen und mit nach Hause nehmen kann. Klingt spannend. Ich melde mich an und werde von Pauline Willemse empfangen. Die Chefin der Diamantschleiferei gibt höchstpersönlich die vierstündigen Kurse. Ihr Arbeitsplatz steht öffentlich einsehbar im Eingangsbereich – Touristen, Käufer, Neugierige können ihr bei der Arbeit zuschauen. Ich nehme Platz und ahne noch nicht, was mich erwartet.

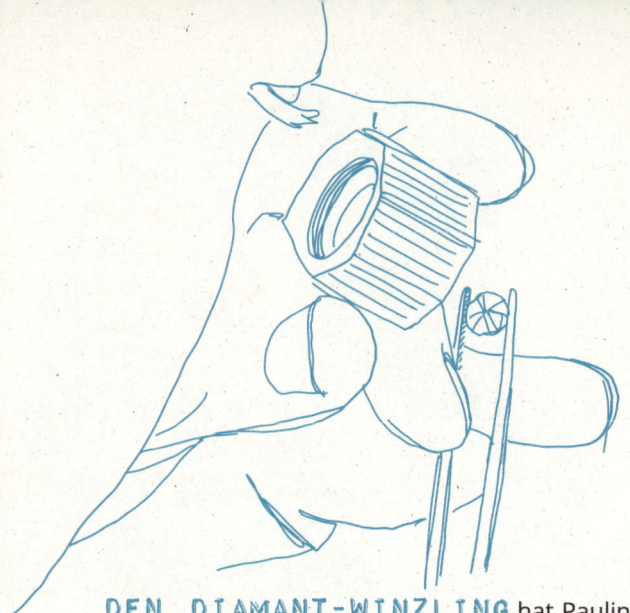

DEN DIAMANT-WINZLING hat Pauline Willemse bereits in einer Zange gefangen genommen, sodass er meinen ungeübten Händen nicht entkommen kann. Sie zeigt mir die Bewegung, mit der ich den Rohling auf die Schleifscheibe senke. Ich folge – und ein schrilles Geräusch, das fatal an Zahnarztbohrer erinnert, steigt von der Scheibe auf. Folter für die Ohren. Dann reicht meine Lehrerin mir die Lupe. Doch erst mal sehe ich: nix! »Durch die Lupe zu sehen braucht Übung«, tröstet sie mich die Expertin. Nach einigem Suchen und Augenzusammenkneifen entdecke ich zumindest verschwommen die Struktur des kleinen Steins. Dann führt Pauline vorsichtig meine Hand zur Schleifscheibe, bis wir dem Mini-Diamanten ein kleines Funkeln entlocken. Jetzt ist er mein Mini-Diamant! »Jeder Rohdiamant hat seinen eigenen Charakter und entscheidet selbst, wie ich ihn polieren soll«, erklärt Pauline Willemse. Dass der Ruhm der Diamantenschleifer blass bleibt, nagt an ihr. »Wenn Sie ein großartiges Gemälde sehen, denken Sie an den Künstler. Wenn Sie einen wunderschönen Diamanten sehen, denken Sie da an den Schleifer? Nein!« Dabei gelang ihr 1994 sogar ein Eintrag ins Guinness-Buch der Rekorde – für das Schleifen des kleinsten Diamanten der Welt: 0,0000743 Karat.

IM FIRMENMUSEUM GLITZERN berühmte Steine als Replika. So ließ die britische Königin Victoria 1850 dem legendären Koh-i-Noor bei Royal Coster Diamonds durch einen neuen Schliff mehr Feuer verleihen – heute ist er als Teil der Kronjuwelen im Tower von London zu sehen.

Im 17. Jahrhundert hatten sich Diamantschleifereien in Amsterdam etabliert, meist von Juden betrieben, die keinen Zugang zu Handwerkerzünften hatten. Doch Weltwirtschaftskrise und Judenverfolgung ließen die Diamantindustrie schrumpfen. Drei Diamantschleifereien gibt es noch. Bei Royal Coster Diamonds arbeiteten um 1930 rund 500 Diamantschleifer, heute sind es acht. Die stellen her, was Scheichs und gekrönte Häupter, aber auch Normalos in die Verkaufsräume lockt. In 35 Sprachen (!) kann sich die Kundschaft beraten lassen. Ich probiere nach dem Museumsbesuch zum Spaß einen Riesenklunker, zigtausend Euro wert. Funkelt hübsch, ist aber verzichtbar, denke ich. Und muss über die Anekdote schmunzeln, die ein Mitarbeiter erzählt: Ein Kunde kam mit Gattin, bestellte einen Ring. Am nächsten Tag kam er erneut und bestellte genau den gleichen Ring: für die Geliebte.

WENN MAN SCHON MAL HIER IST:
Die P.C. Hooftstraat, die Van Baerlestraat und die umgebenden Sträßchen sind Einkaufsmeilen vom Feinsten mit Boutiquen, Feinkost und Lokalen. Klein und fein auch ein besonderes Kunstmuseum: das **MOCO** (Modern Contemporary) ☐→. In einer Villa von 1904 sind Wechselausstellungen zu sehen, u. a. waren schon Werke von Warhol und Banksy ausgestellt (Honthorststraat 20, täglich 9–19 Uhr, Juli/Aug. So–Do 9–20 Uhr, Fr/Sa 9–21 Uhr, Eintritt 15 Euro).

DIE ZARTE SEELE DER ALTEN TANTE TRAM

FAHRT MIT EINER HISTORISCHEN STRASSENBAHN

⊠ HAARLEMMERMEERSTATIO
<--OUD ZUID

AMSTELVEENSEWEG Ⓜ

+ + + STECKBRIEF + + +

WO? STARTPUNKT: HAARLEMMERMEERSTATION. AMSTELVEENSEWEG 264 +++ ANFAHRT: TRAM 2 AMSTELVEENSEWEG +++ WANN? APRIL-OKT. SO 11-17 UHR. LETZTE ABFAHRT HAARLEMMERMEERSTATION UM 17 UHR. LETZTE RÜCKFAHRT VON ENDSTATION BOVENKERK UM 17.45 UHR +++ MUSEUMTRAMLIJN.ORG +++ WIE LANGE? EINFACHE FAHRT CA. 15 MINUTEN +++ WIE VIEL? TICKET 5.50 EURO (HIN UND ZURÜCK). ERHÄLTLICH IM HALTESTELLENGEBÄUDE ODER IN DER TRAM +++

EIN FAHRENDES MUSEUM! Die historische Tram aus dem Jahre 1915, die ich an einem Sonntag um 11 Uhr besteige, setzt sich in Bewegung und gibt fortan Geräusche von sich, die jeden Liebhaber nostalgischer Bahnen in Ekstase versetzen: Es ruckelt, bimmelt, krächzt und ächzt. Die Holzbänke im Inneren sind entlang der Fenster angeordnet, oben baumeln Lederhaltegriffe, und auf dem »Balkon« steht ein Sandbehälter bereit: Sind die Schienen glitschig von nassen Blättern, Öl oder Schlamm, macht Sand sie wieder griffig. »Meine« Tram ist eine von rund 25 Museumsbahnen in Amsterdam. Die herausgeputzten Oldies sind Baujahr 1910 bis 1960, haben jeden Sonntag ab 11 Uhr Ausgang – und zockeln halbstündlich auf einer einzigen Route durch die Stadt.

DIE MEISTEN TRAMS dieser Stadt stammen aus den Niederlanden, aus Amsterdam selbst, aus Rotterdam und Den Haag, andere kommen aus Wien. Die, in der ich sitze, fuhr durch Prag, bevor sie der Stadt Amsterdam in den 1980ern geschenkt wurde. Poliertes Holz, Griffe aus Messing, Schaffner in alten Uniformen – viele schöne Details lassen die »gute alte Zeit« aufleben.

Historisch ist auch die Station Haarlemmermeer, wo meine Zeitreise beginnt: Von der Station aus dem Jahr 1915 fuhren früher Dampfzüge ab. 1975 wurde der Bimmelbahnhof dann zur Haltestelle für die Museumstrams. Von hier aus führt mich die Nostalgiefahrt sieben Kilometer Richtung Süden – auf eigenen Schienen, die nicht von den städtischen Trams genutzt werden. Leicht verruckelte Stadtbilder ziehen am Tramfenster vorbei. Erst das Olympiastadion, in dem »Tarzan« Johnny Weissmüller bei den Olympischen Spielen 1928 zweimal Schwimm-Gold gewann. Dann fährt die alte Tante Tram vorbei an neuen Banken und Bürogebäuden – ein merkwürdiger Kontrast. Und schließlich komme ich an meinem Ziel an: Ich steige am Van Nijenrodeweg aus und bin direkt am Haupteingang des riesigen Stadtwaldes Amsterdamse Bos. Mit einer historischen Tram ins Grüne: Kann es einen schöneren Sonntag geben?

EINE GANZE HEERSCHAR an Freiwilligen und Spendern macht das Nostalgieerlebnis möglich. Denn die Einnahmen aus den Ticketverkäufen reichen nicht für Instandsetzung und Betrieb der Trams. Ein Verein und eine Stiftung kümmern sich, und circa 60 bis 70 ehrenamtliche Fahrer und Schaffner gehen sonntags ihrer Leidenschaft nach. Wochentags, im richtigen Leben, sind sie Lehrer oder Elektriker, nur die wenigsten sind hauptberuflich Tramfahrer. Ausnahmslos alle, ob Tramfahrer oder nicht, brauchen jedoch eine gründliche Einweisung in die zarte Seele der alten Damen. Mit Abschlussprüfung, versteht sich. Fahrer Hans Tensande, vor der Rente Deutschlehrer, erklärt mir: »Beispielsweise eine Bremsung aufzubauen, das dauert länger mit den alten Trams, so was muss man halt wissen.« Noch wichtiger aber sei: »Um eine historische Tram zu fahren, dazu braucht man ganz viel Gefühl.«

WENN MAN SCHON MAL HIER IST:

Sterneküche zu humanen Preisen bietet **Ron Gastrobar** □↗, nur fünf Gehminuten von der Haarlemmermeerstation. »Eine Küche voller Finesse – einen Stopp wert!«, sagt der *Guide Michelin* und vergibt einen Stern für Ron Blaauw, einen der Top-Köche des Landes. Ursprünglich hatte er zwei Sterne. Die gab er zurück: keine Lust auf Spitzenküche. Doch er kann machen, was er will, ein Stern kam wieder! (Sophialaan 55, rongastrobar.nl, täglich 12–14.30 und 17.30–22.30 Uhr).

DIE VOLLKOMMENE RUHE

SPAZIERGANG
AUF DEM STILLGELEGTEN
FRIEDHOF »HUIS TE VRAAG«

AALSMEERPLEIN   <--OUD ZUID

+ + +S T E C K B R I E F+ + +
WO? RIJNSBURGSTRAAT 51 +++ TRAM 15 HOOFD-
DORPPLEIN +++ WANN? DI-FR 11-17 UHR. IM WIN-
TER (NACH DER ZEITUMSTELLUNG) 11-16 UHR +++
HUISTEVRAAG.NL +++ WIE LANGE? SPAZIERT MAN
NUR AN DEN GRÄBERN ENTLANG. REICHEN 30 MI-
NUTEN. WILL MAN ZUR RUHE KOMMEN. VERWEILEN.
AUF DER BANK SITZEN. ENTSPRECHEND MEHR +++
WIE VIEL? EINTRITT FREI! +++

MITTEN IN einem ruhigen Wohngebiet liegt der stillgelegte Friedhof »Huis te Vraag«. Das große, schmiedeeiserne Tor steht offen. Vorbei an einem verlassenen Wächterhäuschen gehe ich den kurzen Weg entlang, der zu den Gräbern führt. Ein verwunschener Ort, weltentrückt und malerisch, empfängt mich. Efeu, so weit das Auge reicht. Es umrankt die Grabsteine, bedeckt den Boden, klettert die Baumstämme hinauf, erobert den Friedhof. Schneeglöckchen und Krokusse behaupten sich tapfer im Gestrüpp. Die Sonne durchbricht die Wolkendecke und beginnt zu tanzen: auf den Efeuteppichen, auf den Gräbern. Licht und Schatten, so nah beieinander wie Leben und Tod. Eine pechschwarze Katze gesellt sich zu mir und setzt sich wie einbestellt ins Bild, bevor ich auf den Auslöser drücke.

VIELE GRABSTEINE, MOOSBEDECKT,

sind von tiefen Rissen durchzogen. Ausgebleicht die Namen der Toten. Welche Lebensgeschichten, welche Schicksale sie wohl hatten? Ich lese alte Namen auf den schweigenden Steinen: »Jacob Willem Hoefman, 7. October 1858–14. Dezember 1917; Johanna Frederika Hoefman-Rappold, 19. Januar 1861–5. Februar 1945«. Eröffnet wurde der Friedhof am 24. September 1891. Ein gewisser Pieter Oosterhuis hatte das Gelände gekauft und die Gemeinde Sloten, die erst seit 1921 zu Amsterdam gehört, um die Erlaubnis gebeten, einen Friedhof darauf zu errichten. Der Name »Huis te Vraag« stammt von einer gleichnamigen nahen Gaststätte. Der Wirt hatte ein Schild angebracht: »te Vraag«. Hier konnten Reisende also auch etwas fragen. »Infocenter« würden wir heute sagen. Da die Gaststätte in der Gegend sehr bekannt war, ging ihr Name auf den Friedhof über. Bis 1962 entstanden rund 16.000 Gräber. In Wirklichkeit ruhen auf dem Areal mehr Tote, als diese Zahl vermuten lässt. Denn im niederländischen Hungerwinter 1944/45 wurden viele Leichen in der Umgebung eingesammelt und anonym in einem Massengrab bestattet, das nicht mehr sichtbar ist. So sind auf dem protestantischen Friedhof auch Angehörige anderer Konfessionen beerdigt, unter anderem Juden.

1962 WAR KEIN PLATZ MEHR für weitere Gräber. Die Stadt Amsterdam verbot aber eine Expansion. Folglich verkaufte der damalige Besitzer seinen Friedhof – inklusive der Toten – an die Stadt. Die musste den Friedhof laut Gesetz 50 Jahre nach der letzten Bestattung erhalten. Ab 2012 wollte sie das wertvolle Grundstück allerdings nutzen, um es zu bebauen. Doch Nachbarschaftsproteste verhinderten das – heute hat der Friedhof den Status eines »kulturellen und historischen Monuments«. Einer, der bei den Protesten mitmachte, war Leon van der Heijden. Der Künstler war 1987 mit seiner Frau in das Gebäude gezogen, das einst als Trauerhalle diente, und kümmerte sich um den Friedhof, der seit 1963 verwahrloste. Er brachte das Gebäude in Ordnung und bepflanzte den Garten. Seitdem kommen Besucher, um zu spazieren, zu malen und zu meditieren. Vor dem Haus nehme ich Platz auf einer Bank. Nur Vogelzwitschern durchbricht gelegentlich die Stille. Die letzte Ruhe ist hier vollkommen.

WENN MAN SCHON MAL HIER IST:
Hinter dem Friedhof (nach dem Ausgang bei dem Hochhaus auf den Jaagpad) liegen an einem stillen Pfad etliche **Hausboote**, vom modernen »Bungalow« mit Parkett und Hochglanzküche bis zum rustikaleren Typ, viele mit Terrasse am Wasser. Auf einen Kaffee sollte man danach unbedingt zu **Pipes & Beans** ☐→: Das Vintage-Café hat Wohnzimmercharme (Ledercouch, Omas Lampenschirm, Kinostühle) und einen netten Service (Rietwijkerstraat 35, Di–Fr 8–18, Sa/So 9–18 Uhr).

WENN MAN SCHON MAL IN OUD ZUID IST

+++ SEHEN +++
+++ ESSEN +++
+++ AUSGEHEN +++
+++ SHOPPEN +++
+++ SCHLAFEN +++

4

☐↑ RIJKSMUSEUM

Es ist das größte Museum der Niederlande: 8.000 Gemälde, Hunderttausende andere Kunstobjekte. Prunkstück des gigantischen Museums ist die Gemäldesammlung großer niederländischer Meister: Rembrandt, Hals, Vermeer. Allen voran: Rembrandts weltberühmte *Nachtwache*, bombastisch inszeniert in der Ehrengalerie. Es lohnt sich auch, einen Blick in die größte und älteste kunstgeschichtliche Bibliothek der Niederlande zu werfen. Zu dem schlossähnlichen Backsteingebäude, 1876–1885 erbaut und bis 2013 aufwendig umgestaltet, gehört ein blühender Garten, den man auch ohne Ticket gratis genießen kann.

+++ MUSEUMSTRAAT 1 +++ TRAM 2/12 RIJKSMUSEUM +++ MUSEUM TÄGLICH 9–17 UHR. GARTEN TÄGLICH 9–18 UHR +++ 20 EURO AM SCHALTER. 19 EURO ONLINE +++ RIJKSMUSEUM.NL +++ DER ONLINE-KAUF VERKÜRZT AUCH DIE WARTEZEITEN! +++

VAN GOGH MUSEUM

Die weltweit größte Van-Gogh-Sammlung umfasst die bekanntesten Werke aus allen Schaffensperioden, darunter die *Kartoffelesser* aus der düsteren Frühphase und die leuchtend gelben Sonnenblumen. Die kostbare Sammlung kommt in dem Museumsgebäude des niederländischen Stararchitekten Gerrit Rietveld perfekt zur Geltung. Sonderausstellungen werden in einem Anbau des Japaners Kishō Kurokawa präsentiert.

+++ MUSEUMPLEIN 6 +++ TRAM 3/5/12 MUSEUMPLEIN +++ VANGOGHMUSEUM.NL +++ 2. MÄRZ–20. JUNI UND 2. SEPT.–27. OKT. TÄGLICH 9–18 UHR, FR 9–21 UHR. 21. JUNI–1. SEPT. UND 23. DEZ.–31. DEZ. 9–19 UHR, FR/SA 9–21 UHR. 28. OKT.–22. DEZ. 9–17 UHR, FR 9–21 UHR +++ 19 EURO (TICKETS NUR ÜBER DIE WEBSITE) +++ MAL-WORKSHOPS FÜR KLEIN UND GROSS +++ FAMILIEN-AUDIOGUIDE 5 EURO +++

VONDELPARK

Wald, weite Freiflächen, Teiche, ein Rosengarten, lauschige Plätze zum Picknicken und Sonnen: Der Vondelpark lockt seit 1865 Amsterdamer und Touristen. Im Sommer – Mai bis September – füllen Konzerte, Theater, Tanz und Comedy den Park mit Leben. Alles gratis! Namensgeber ist der niederländische Dramatiker Joost van den Vondel.

+++ TRAM 2/12 LEIDSEPLEIN +++ PROGRAMM DES FREILICHTTHEATERS (IM OSTEN DES PARKS GELEGEN): OPENLUCHTTHEATER.NL +++ PARK-LOKALE: GROOT MELKHUIS (VONDELPARK 2), PROEFLOKAL T' BLAUWE THEEHUIS (VONDELPARK 5) +++

STEDELIJK MUSEUM

Auf höchstem Niveau! Das Museum zeigt die wesentlichen Strömungen in Kunst und Design seit Ende des 19. Jahrhunderts bis heute: Bauhaus, De Stijl, CoBrA, Pop Art. Große Künstler wie Matisse, Picasso, Pollock, Warhol und Designer von Ettore Sottsass bis Gerrit Rietveld bestücken die Sammlung aus 750 Werken. Das Museum ist in einem Renaissancebau von 1895 und einem futuristischen Anbau für Wechselausstellungen untergebracht, den die Amsterdamer als »Badewanne« verspotten.

+++ MUSEUMPLEIN 10 +++ TRAM 3/5/12 MUSEUMPLEIN +++ STEDELIJK.NL +++ TÄGLICH 10-18 UHR. FR 10-22 UHR +++ 18.50 EURO +++

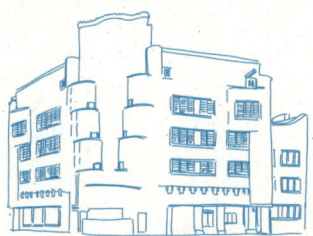

DE DAGERAAD

Wellen, Rundungen, fließende Formen: Der Wohnkomplex De Dageraad, in den 1920ern als sozialer Wohnungsbau konzipiert, zeigt die wesentlichen Elemente der »Amsterdamer Schule«. Die Architekturrichtung betonte das Recht der Arbeiter auf menschenwürdiges, ja sogar »schönes« Wohnen. Weitere Beispiele auf der Takstraat und Tellegenstraat.

+++ BESUCHERZENTRUM DE DAGERAAD (MIT AUSSTELLUNG): BURGMEESTER TELLEGENSTRAAT 128. DO-SO 13-17 UHR. EINTRITT FREI +++ VOM BESUCHERZENTRUM STARTEN AUCH GEFÜHRTE TOUREN. ANGEBOTEN VOM MUSEUM HET SCHIP (HETSCHIP.NL). ZU DEM DE DAGERAAD GEHÖRT: DO-SO 14. 15 UND 16 UHR (15 UHR: AUF ENGLISCH). 7.50 EURO +++

CAFÉ WILDSCHUT

Das gemütliche Café empfängt seine Gäste mit stilvollem Art-déco-Interieur und schöner Sonnenterrasse. Holländische Snacks und internationale Küche.

+++ ROELOF HARTPLEIN 1-3 +++ TRAM 5 ROELOF HART-PLEIN +++ CAFEWILDSCHUT.NL +++ MO 9-24 UHR, DI/MI 9-1 UHR, DO/FR 9-2 UHR, SA 10-2 UHR, SO 10-24 UHR +++

CAFÉ AMERICAIN

Wunderschön! Das älteste Grand Café der Niederlande, 1902 eröffnet, umfängt mich mit elegantem Jugendstil-Dekor, Bleiglasfenstern und wundervollen Lampen. Am Lesetisch saß einst ein Stammgast: Schriftsteller Harry Mulisch.

+++ LEIDSEPLEIN 28 +++ TRAM 2/12 LEIDSEPLEIN +++ CAFEAMERICAIN.NL +++ MO-FR 6.30-22 UHR, SA/SO 7-22 UHR +++

BRASSERIE DE JOFFERS

Elegante, behaglich eingerichtete Brasserie mit Parkett und Stuckdecke. Die Blaubeeren-Pfannkuchen zum Frühstück waren so köstlich, dass ich fast eine zweite Portion bestellt hätte.

+++ WILLEMSPARKWEG 163 +++ TRAM 12 VAN BAER-LESTRAAT +++ BRASSERIEDEJOFFERS.NL +++ MO-SA 8-20 UHR, SO 9-20 UHR +++

LA FALOTE

Ich mag dieses kleine, einfache Lokal mit karierten Tischdecken und Wänden voller Fotos – auch wegen der ehrlichen Küche ohne Chichi zu guten Preisen. Das zarte Rinderfilet bleibt in Erinnerung. Holländische und internationale Gerichte.·

+++ ROELOF HARTSTRAAT 26 +++ TRAM 5 ROELOF HARTPLEIN +++ LAFALOTE.NL +++ MO-SA 14-21 UHR, SO RUHETAG +++

4

VINCENT ON FRIDAY

An jedem letzten Freitag im Monat wird das Van Gogh Museum zur Partylocation! DJs legen auf, Live-Acts, meist aus Amsterdam, treten auf. Zu Jazz, Pop, Folk oder Klassik gibt es Drinks und Fingerfood, und – ohne Cocktail in der Hand – kann man auch das Museum besichtigen.

+++ MUSEUMPLEIN 6 +++ VANGOGHMUSEUM.NL +++ JEDEN LETZTEN FREITAG IM MONAT. 19-22 UHR +++ EINTRITT MIT DEM NORMALEN MUSEUMSTICKET (11 EURO). DAS MAN ONLINE VIA WEBSITE KAUFT +++

PARADISO

In einer ehemaligen Kirche aus dem 19. Jahrhundert hat 1968 das mittlerweile legendäre Paradiso eröffnet. Die Crème de la Crème des Musikbusiness stand in der stimmungsvollen Location schon auf der Bühne – von David Bowie über Amy Winehouse, *U2* und die *Rolling Stones* bis zu *Pink Floyd*.

+++ WETERINGSCHANS 6-8 +++ METRO 52 VIJZELGRACHT. TRAM 2/11/12 LEIDSEPLEIN +++ AKUELLES PROGRAMM AUF PARADISO.NL +++

DUIKELMAN

Wer hier nicht fündig wird, wird es nirgendwo: Duikelman ist ein legendäres Geschäft für Küchenbedarf – mit einer Riesenauswahl an Backformen, Küchengeräten und, und, und ...

+++ FERDINAND BOLSTRAAT 66-68 +++ METRO 52 DE PIJP +++ DUIKELMAN.NL +++ MO-FR 9.30-18 UHR. SA 9.30-17 UHR +++

CONFISERIE ARNOLD CORNELIS

Schon von außen sieht es aus wie ein Süßwarenladen aus dem Märchenland. Drinnen gibt es Kuchen, Pralinen und herrliche Butterkuchen-Würfel.

+++ VAN BAERLESTRAAT 93 +++ TRAM 5 ROELOF HARTPLEIN +++ CORNELIS.NL +++ MO-FR 8-18 UHR, SA 8-17 UHR +++

+ + + + + + + + + + + SCHLAFEN + + + + + + + + + + +

☐↑ THE COLLEGE HOTEL

Hinter den Backsteinmauern eines Gymnasiums aus dem 19. Jahrhundert herrscht eine fast feierliche Atmosphäre. Die warme, komfortable Einrichtung fängt den musealen Charakter des Gebäudes auf. Hohe Hallen, große Fenster, modernes Innendesign: Hier wohnt man gerne! DZ ab ca. 140 Euro.

+++ ROELOF HARTPLEIN 1 +++ TRAM 5 ROELOF HARTSTRAAT +++ THECOLLEGEHOTEL.COM +++

APOLLOFIRST BOUTIQUE HOTEL

Zauberhaftes Hotel in einer schönen Villen-Straße. Die Zimmer sind klassisch, die Bar betört mit plüschigen Sesseln, Parkett und Kronleuchtern, der Innengarten wartet auf Frühstücksgäste, das Foyer ist theatralisch inszeniert. Kein Wunder, denn in dem Hotel ist tatsächlich ein Mini-Theater mit 55 Plätzen. Das Haus gehörte einst Stummfilmstar Lily Meyer. DZ ab ca. 130 Euro.

+++ APOLLOLAAN 123 +++ TRAM 24 BEETHOVENSTRAAT/ G.V.D. VEENSTRAAT +++ APOLLOFIRST.NL +++

5

NIEUWMARKT
EN LASTAGE

+++ ERLEBEN +++

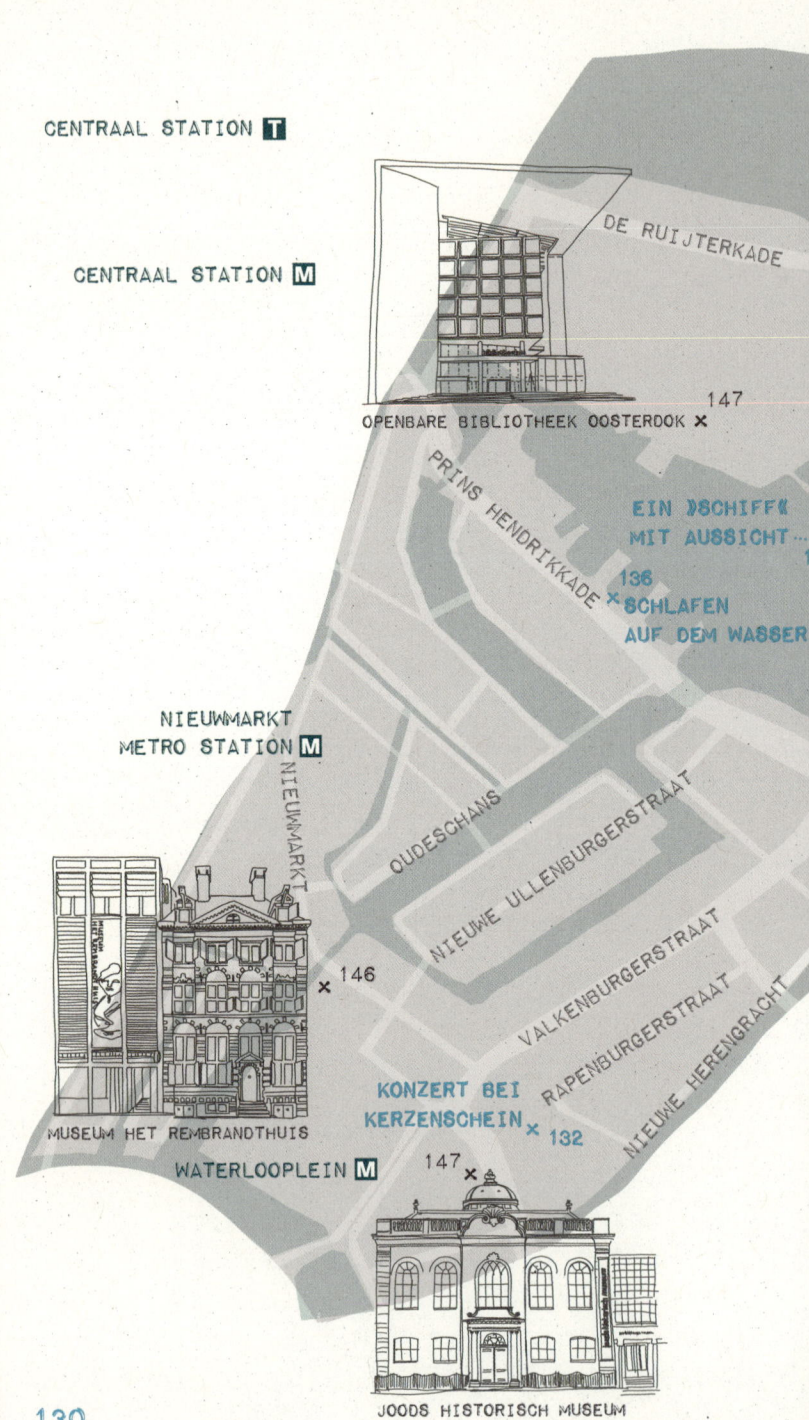

CENTRAAL STATION **T**

CENTRAAL STATION **M**

DE RUIJTERKADE

147

OPENBARE BIBLIOTHEEK OOSTERDOK ×

EIN »SCHIFF«
MIT AUSSICHT...... 14

136
× SCHLAFEN
AUF DEM WASSER

PRINS HENDRIKKADE

NIEUWMARKT
METRO STATION **M**

NIEUWMARKT

OUDESCHANS

NIEUWE ULLENBURGERSTRAAT

VALKENBURGERSTRAAT

RAPENBURGERSTRAAT

NIEUWE HERENGRACHT

× 146

MUSEUM HET REMBRANDTHUIS

KONZERT BEI
KERZENSCHEIN × 132

WATERLOOPLEIN **M**   147 ×

JOODS HISTORISCH MUSEUM

ES IST EIN STADTTEIL der Gegensätze: Den Nieuwmarkt dominiert das wuchtige Gebäude der mittelalterlichen Stadtwaage aus dem 17. Jahrhundert, in dem heute ein Café untergebracht ist. Der weitläufige Platz selbst diente ursprünglich als Hinrichtungsstätte. Topsehenswürdigkeiten wie das Rembrandthuis und die Portugiesische Synagoge befinden sich ebenfalls in dem Viertel. Im Norden der Stadt hingegen entfaltet sich an den Ufern des Flusses IJ das moderne Amsterdam, das aufregend anders ist als die vertraute Altstadt.

NIEUWMARKT
EN LASTAGE-->

KONZERT BEI KERZENSCHEIN

EIN MYSTISCHES ERLEBNIS IN DER PORTUGIESISCHEN SYNAGOGE

NIEUWMARKT-->

WATERLOOPLEIN M ×

+ + + S T E C K B R I E F + + +
WO? MR. VISSERPLEIN 3 +++ METRO 51/53/54
WATERLOOPLEIN +++ WANN? EINMAL PRO MONAT.
JEWEILS DONNERSTAGS UM 19.30 ODER 20 UHR +++
AKTUELLE TERMINE. INFOS AUF JCK.NL +++ WIE
LANGE? 1 STUNDE +++ WIE VIEL? 16 EURO +++

STROM GIBT ES NICHT. Dafür Hunderte Kerzen! Die Konzertabende in der Portugiesischen Synagoge verheißen ein mystisches Erlebnis. Nur einmal pro Monat finden sie statt. Und da es terminlich auf absehbare Zeit nicht anders geht, buche ich ausgerechnet das Konzert an Weiberfastnacht. Während also im heimischen Köln der Frohsinn tobt, mache ich mich auf zum besinnlichen Konzertabend. Die Schlange am Eingang hat einen Vorteil: Während des Wartens im Innenhof erhasche ich einen Blick durch die erleuchteten Fenster der weltweit ältesten noch betriebenen jüdischen Bibliothek. Sie ist Teil des UNESCO-Weltkulturerbes. 560 Manuskripte, die ältesten aus dem 13. Jahrhundert, und 30.000 Bücher lagern in den Regalen. Nur als Gruppe kann man die Kostbarkeiten besichtigen – für 80 Euro pro Führung.

DIE TÜREN ZUR SYNAGOGE öffnen sich – und der Menschenstrom fließt in den großen, geheimnisvollen Innenraum. Die dunklen Holzbänke füllen sich bis auf den letzten Platz. In den kupfernen Kandelabern unter dem Tonnengewölbe und in unzähligen Kerzenständern flackern die Flammen der Kerzen. Seit der Eröffnung der eindrucksvollen Synagoge Esnoga 1675 hat sich nichts verändert. Bis heute gibt es weder Heizung noch elektrisches Licht.

Vor dem Lesepult, der Tevah, stehen Klavier, Bass und Percussion bereit. Die Musiker des niederländischen *Rembrandt Frerichs Trios*, die an diesem Abend auftreten, nehmen ihre Plätze ein. Stille breitet sich aus. Die Musik füllt behutsam den Raum, Anklänge an jüdische liturgische Musik sind Teil des Repertoires. Nach einem Percussion-Solo brandet spontaner Applaus auf, ansonsten ist es mucksmäuschenstill im Publikum. Der Schein der Flammen umspielt die grau schattierten Wände, und im Halbdunkel des Gotteshauses verschmelzen Musik und Kerzenglanz zu einer feierlichen Einheit. Die andächtige Festlichkeit des Augenblicks stört nur ein profaner Gedanke: Eine wärmende Decke fände ich schön …

WÄHREND DES KONZERTS wandert mein Blick durch den stimmungsvollen Innenraum. 1.200 Männer passen hinein, auf den Emporen finden 440 Frauen Platz. An der Westseite steht das Lesepult, an der Ostseite der kostbare Toraschrein aus brasilianischem Jacaranda-Holz. Dazwischen sind die Bänke nach sephardischer Tradition der Länge nach aufgereiht. In diese wurden abschließbare Kästchen eingelassen, damit jeder Gläubige seinen »Safe« fürs Gebetbuch hatte. Die Sepharden – vertriebene Juden aus Portugal und Spanien – errichteten die imposante Synagoge.

350 Jahre später spüren die Konzertbesucher der besonderen Atmosphäre dieses Ortes nach. Dass die Stunde bereits verflogen ist, merke ich erst beim Schlussapplaus. Als ich mit dem Menschenstrom nach draußen treibe, beginnt der Küster gerade mit dem Löschen der Kerzen. Doch die Erinnerung an diesen außergewöhnlichen Abend wird bei mir nicht so schnell erlöschen.

WENN MAN SCHON MAL HIER IST:
Lohnend ist nicht nur der Konzertabend, sondern auch die Besichtigung der Synagoge □→ (Jan./Dez. Mo–Do 10–16 Uhr, Fr 10–14 Uhr, Febr./Nov. Mo–Do 10–17 Uhr, Fr 10–14 Uhr, März/April und Sept./Okt. Mo–Do 10–17 Uhr, Fr 10–16 Uhr, Mai–Aug. Mo–Fr 10–17 Uhr; Kombiticket mit anderen jüdischen Sehenswürdigkeiten 17 Euro). Thematisch passt ein Besuch im **Joods Historisch Museum**, das nicht mal 100 Meter entfernt ist (siehe S. 147).

SCHLAFEN AUF DEM WASSER

EINE NACHT AUF EINEM HAUSBOOT

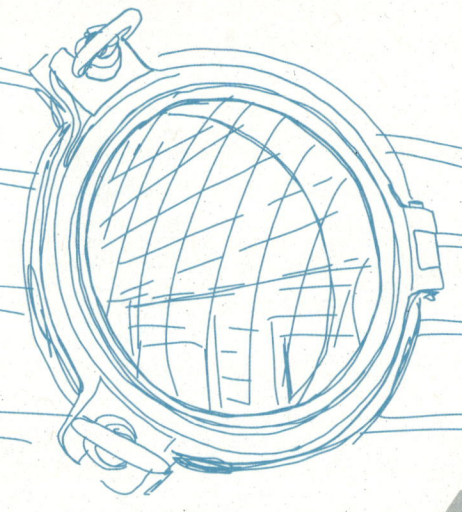

CENTRAAL STATION Ⓜ

NIEUWMARKT-->

+ + + S T E C K B R I E F + + +
WO? PRINS HENDRIKKADE 526 +++ TRAM 2/4/11/12/
13/14/17/24/26 ODER METRO 51/53/54 CENTRAAL
STATION. VOM HAUPTBAHNHOF CA. 15 MINUTEN ZU
FUSS +++ WANN? BUCHUNGEN GANZJÄHRIG MÖG-
LICH. DAS BOOT IST BEHEIZBAR - DIE TEMPE-
RATUR LÄSST SICH INDIVIDUELL MIT THERMOS-
TAT REGELN +++ WIE VIEL? 130-225 EURO FÜR
2 PERSONEN (PREISE SCHWANKEN JE NACH SAISON,
MIETDAUER, PERSONENZAHL) +++

NUR EINEN STEINWURF ist mein schwimmendes Hotel vom Hauptbahnhof entfernt. Östlich der Centraal Station entfaltet sich das neue Amsterdam mit sehenswerten modernen Bauten. Schwer vorstellbar, dass hier irgendwo, ganz nah, ein idyllischer Bootshafen sein soll. Ich folge der Wegbeschreibung, die mir mein Gastgeber zugemailt hat, und sehe nach zehn Gehminuten den kleinen Hafen vor mir. Von der Hauptverkehrsstraße Prins Hendrikkade führt ein gepflasterter Weg ein paar Meter hinab in eine andere Welt. Oben reißen die Ströme von Autos und Touristen nicht ab, hier unten umfängt mich entspannte Stille. Rund 50 Hausboote schaukeln in dem malerischen Minihafen am Oosterdok. Ich frage eine Frau nach der »Hausnummer« 526, nach Casper. »Ah, Casper, der wohnt da links«, sagt sie freundlich und weist mir die Richtung. Man kennt sich.

DA KOMMT MIR MEIN GASTGEBER

auch schon entgegen. Und nimmt mich mit zu einem 36 Meter langen, cremeweißen historischen Boot. »Hier sind wir«, sagt er. »Utopia« steht oben drauf, auf einem Schild aus Holz. Casper sperrt auf, und wir gehen eine steile Hühnerleiter aus blauem Holz in den Bauch des Bootes hinab. Mein schwimmendes Reich, 25 Quadratmeter groß, besteht aus einem Schlafbereich und einer Wohnecke mit Schlafcouch, die in eine offene Küche übergeht. Durch Bullaugen und Dachfenster fällt Tageslicht. Das Bad mit Dusche ist klein, aber neu. Gemütlich ist's und gepflegt.

Da, wo ich jetzt wohne, lagerten früher Kohle, Sand und Kies. Denn das heutige Hausboot wurde 1907 als Frachter gebaut. »Ohne Motor«, erklärt Casper, »es wurde von einem Boot gezogen.« In den 1960ern hat man es zum Hausboot umfunktioniert. Heute besteht es aus zwei Ferienwohnungen plus Caspers Reich. Caspers Vater, ein Jazzmusiker, bewohnte die insgesamt 200 Quadratmeter früher allein, bevor er das Boot seinem Sohn verkaufte. Der ließ es auf einer Werft bis auf das Metallskelett entkernen, reinigen, von Rost befreien, streichen und im Inneren neu gestalten. Original erhalten sind die dunklen Holzdecken.

2.500 HAUSBOOTE LIEGEN HEUTE in Amsterdams Grachten und Häfen. Und längst ist es kein Hippie-Vergnügen mehr, ein solches zu besitzen. Die Hausboote sind angeschlossen an Kanalisation und Müllabfuhr, haben Hausnummer und Briefkasten. Eine Million kann solch ein Wohnschiff gut und gerne kosten.

Herrlich, auf dem Wasser zu wohnen, denke ich, als ich am Abend im Bett liege. Fährt ein größeres Boot vorbei, befördern mich ein sanftes Schaukeln und leises Plätschern Richtung Schlaf. Am nächsten Morgen koche ich mir einen Cappuccino, setze mich damit bei strahlender Sonne auf das Bootsdach und gebe mich der Aussicht hin, die kontrastreicher nicht sein könnte. Mein Nachbar ist ein alter und ausgesprochen rostiger Kahn, an Bord flattert Wäsche auf der Leine. Hinter einem Gewirr aus Masten öffnet sich weit der Fluss IJ, und an seinem anderen Ufer zeichnen sich rote Kräne und moderne Hochhäuser am Himmel ab – das Konservatorium, die Bibliothek. Eine fast surreale Kulisse, betrachtet von »meinem« gut 100 Jahre alten Frachtschiff aus.

5

WENN MAN SCHON MAL HIER IST:

Ein kurzer Fußweg führt vom Hausboot geradewegs zu großer Architektur: Das **Grand Hotel Amrâth** ☐→ (siehe S. 151) ist ca. drei Gehminuten entfernt. Es lohnt, sich die Fassade anzusehen und die Lobby des Fünf-Sterne-Hotels zu betreten, ist es doch ein architektonisches Highlight der sogenannten »Amsterdamer Schule« (siehe S. 200). Im Bistro des Hotels wird man freundlich umsorgt – in ruhigem, schönem Ambiente.

EIN »SCHIFF« MIT AUSSICHT

AUF DER DACHTERRASSE DES MUSEUMS NEMO

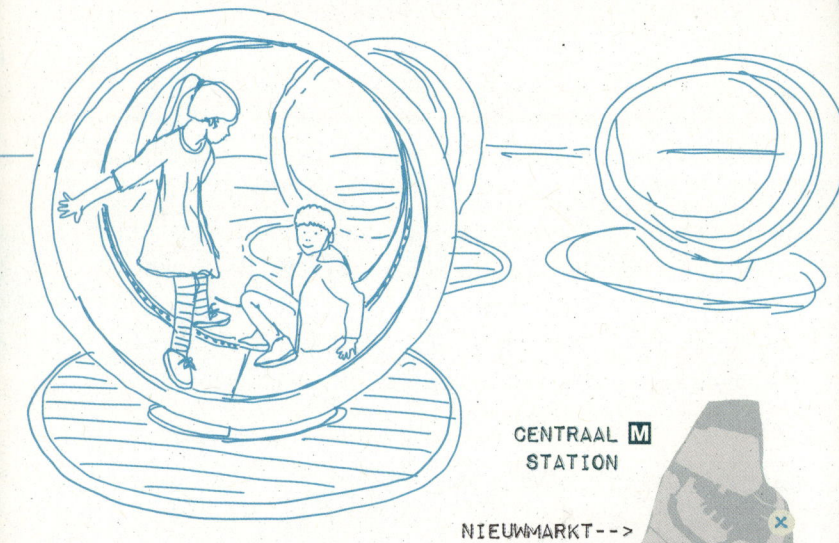

CENTRAAL M STATION

NIEUWMARKT-->

+ + + S T E C K B R I E F + + +
WO? OOSTERDOK 2 +++ TRAM 2/4/11/12/13/14/
17/24/26 ODER METRO 51/53/54 CENTRAL STATI-
ON. VOM HAUPTBAHNHOF CA. 15 MINUTEN ZU FUSS
+++ WANN? TÄGLICH 10-17.30 UHR. BEI SOM-
MERLICHEN ABENDVERANSTALTUNGEN (»NEMO SUMMER
ROOF«) AUF DEM DACH AUCH LÄNGER +++ WIE VIEL?
BETRETEN DES DACHES GRATIS! +++ WICHTIG! DAS
BETRETEN DES DACHES IST GRATIS (TREPPE)! WER
DEN AUFZUG ZUM DACH NUTZEN MÖCHTE. BRAUCHT
EIN MUSEUMSTICKET (17.50 EURO) +++

140 KOSTENLOS. FAMILIENFREUNDLICH

DAS »SCHIFF« IST weithin sichtbar. Sein kupfergrünes Kleid leuchtet in der Sonne auf. Unten zerteilt es die Fluten des Flusses IJ, oben scheint es den Himmel zu berühren. Vom Hauptbahnhof her nähere ich mich Schritt für Schritt dem spektakulären Gebäude des Wissenschafts- und Technikmuseums Nemo. Ein lohnendes Museum, auch und gerade für Kinder. Doch mein Ziel ist heute das Museumsdach. Ich nehme nicht den Aufzug, sondern erklimme es von der Straße aus über eine lange Rampe mit breiten Stufen. 1, 2, 3 … 40, 41, 42 … kurze Verschnaufpause … 70, 71, 72 … vielleicht sollte ich mehr Sport machen … 73, 74 … bei Stufe Nummer 75 betrete ich das Schiffsdeck – und die Aussicht haut mich um! Sowohl die Sicht auf die Stadt als auch der Blick auf die Dachterrasse, die vor mir schräg in den Himmel steigt.

KEIN GERINGERER ALS Renzo Piano hat das Gebäude 1997 entworfen. Die wuchtige Schiffsform, die grüne »Außenhaut«, die schräge Dachterrasse – all das macht die kühne Konstruktion zu einem Wahrzeichen des modernen Amsterdam. Auf dem Dach hat sich der italienische Stararchitekt besonders ausgetobt: Die Ausstellung *Energetica* zeigt mit begehbaren Skulpturen und Installationen, wie aus den Elementen der Natur erneuerbare Energien entstehen. Auf einer Windinsel dreht sich eine Turbine – und liefert damit die Energie für die Wasserkaskade, die sich ihren Weg über die Dachmitte bahnt. Kinder planschen im, am und mit dem Wasser, das Plitsch-Platsch ihrer Spiele steigt von der Kaskade auf. Ich gehe weiter zur Sonneninsel mit drei röhrenförmigen »Sesseln«, deren Oberfläche mit Solarzellen überzogen ist. LED-Lichter zeigen an, wie viel Strom jeder Sessel gerade produziert. Ich drehe einen Sessel voll ins Sonnenlicht, steigere so die Produktion, lege mich in den Zylinder hinein, schließe die Augen und entspanne. Dann verlasse ich meine runde Höhle und widme mich wieder der Aussicht.

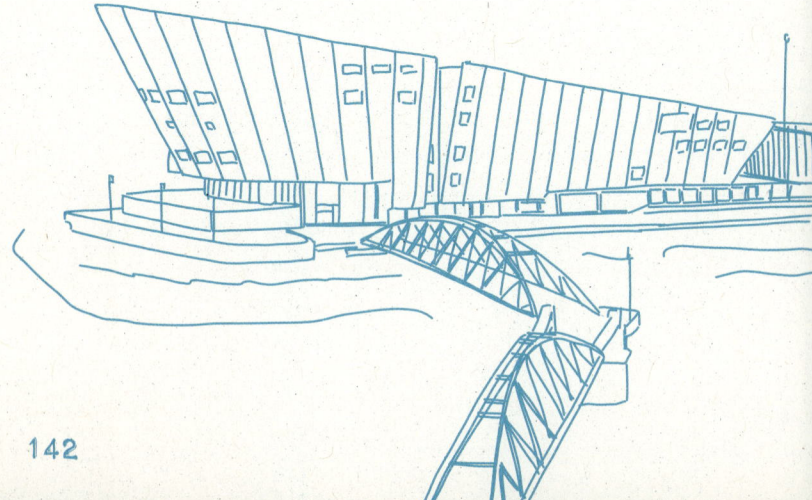

ZU MEINEN FÜSSEN liegt Amsterdam! Linker Hand steht das imposante Schifffahrtsmuseum. Das weiße Gebäude, im 17. Jahrhundert für die Amsterdamer Admiralität erbaut, wurde mit 18.000 Pfählen im Morast verankert. Davor liegt ein nostalgisches Segelschiff – es ist der Nachbau des 1749 havarierten Handelsschiffes der Vereenigden Oostindischen Compagnie. Mit Tee, exotischen Gewürzen und anderen Kolonialwaren beladen lief der stattliche Ostindiensegler im Goldenen Zeitalter in seinen Amsterdamer Heimathafen ein. Mein Blick wandert weiter: Vor mir zeichnet sich die Altstadt-Silhouette ab. Und rechts ist ein Stück modernes Amsterdam zu sehen, mit dem Hotel Hilton und der Bibliothek. Ich beschließe, mir ein Gläschen Wein zu gönnen. Im Museumsrestaurant auf dem Dach ist es hektisch und voll, für mich hat es den Charme eines Möbelhaus-Imbisses. Lieber setze ich mich mit meinem Glas an eines der Tischchen weiter unten auf der Dachterrasse – und genieße das Panorama von Amsterdam in der milden Sonne des Spätnachmittags.

WENN MAN SCHON MAL **HIER** IST:

Das **Schifffahrtsmuseum** (Het Scheepvaartmuseum) ➜ gehört nicht zu Nieuwmarkt en Lastage, ist aber zu Fuß in knapp zehn Minuten erreichbar. Die Ausstellung zeigt 500 Jahre Schifffahrtsgeschichte anhand von 250.000 Exponaten (Kattenburgerplein 1, täglich 9–17 Uhr, 16,50 Euro, bei Buchung auf hetscheepvaartmuseum.com 15,50 Euro). Oder man genießt entspannt bei einem Cocktail die Traumaussicht von der Skylounge des **Doubletree by Hilton** – von noch höherer Warte als im Nemo (siehe S. 150).

WENN MAN SCHON MAL IN NIEUWMARKT EN LASTAGE IST

+++ SEHEN +++
+++ ESSEN +++
+++ AUSGEHEN +++
+++ SHOPPEN +++
+++ SCHLAFEN +++

REMBRANDTHUIS

Auf dem Höhepunkt seines Ruhms bezog Rembrandt 1639 dieses stattliche Haus, in dem er bis zu seinem Bankrott 1658 wohnte. Turbulent muss es darin zugegangen sein. Hier entstand die weltberühmte Nachtwache, die heute im Rijksmuseum zu bewundern ist. Drei seiner Kinder erblickten in dem Haus das Licht der Welt und starben, bevor sein Sohn Titus geboren wurde und seine Frau Saskia starb. Die Einrichtung stammt zwar aus dem 17. Jahrhundert, ist aber nicht original aus Rembrandts Haus. Bei der großen Sammlung an Radierungen dagegen handelt es sich um Originale.

+++ JODENBREESTRAAT 4 +++ METRO 51/53/54 WATERLOOPLEIN +++ REMBRANDTHUIS.NL +++ TÄGLICH 10-18 UHR +++ 14 EURO +++

JOODS HISTORISCH MUSEUM

In zwei ehemaligen Synagogen lässt das Museum Geschichte und Kultur des Judentums in den Niederlanden auferstehen. Das Kindermuseum zeigt in einer Wohnung anschaulich Leben und Alltag einer jüdischen Familie.

+++ NIEUWE AMSTELSTRAAT 1 +++ METRO 51/53/54 WATERLOOPLEIN +++ JCK.NL +++ TÄGLICH 11-17 UHR +++ KOMBITICKET 17 EURO (JÜDISCHES MUSEUM. PORTUGIESISCHE SYNAGOGE. NATIONAAL HOLOCAUST MUSEUM. GEDENKSTÄTTE HOLLANDSCHE SCHOUWBURG) +++

OPENBARE BIBLIOTHEEK OOSTERDOK

Mit 28.000 Quadratmetern ist diese Bibliothek die größte der Niederlande und eine der größten in Europa. Der niederländische Stararchitekt Jo Coenen hat das luftig-helle, vor allem in Weiß getauchte Gebäude entworfen, dessen zehn Ebenen durch Rolltreppen verbunden sind.

+++ OOSTERDOKSKADE 143 +++ ALLE TRAMS. DIE ZUM HAUPTBAHNHOF FÜHREN. VON DORT 500 METER ÖSTLICH +++ OBA.NL +++ MO-FR 8-22 UHR. SA/SO 10-22 UHR +++

MUSEUMSCAFÉ
IM JOODS HISTORISCH MUSEUM

Koscheres Essen serviert das Café des Jüdischen Museums: von Klassikern wie Gefilte Fish zu etwa 7 Euro bis hin
zu typischen Desserts.

+++ NIEUWE AMSTELSTRAAT 1 +++ METRO 51/53/54 WA-
TERLOOPLEIN +++ JCK.NL +++ TÄGLICH 11–17 UHR +++

RESTAURANT BABEL

Mit Traumaussicht auf die Stadt isst man in der siebten
Etage in dem Restaurant, das zur größten Bibliothek der
Niederlande gehört (siehe S. 147) zu einem guten Preis.

+++ OOSTERDOKSKADE 143 +++ HALTESTELLE CEN-
TRAAL STATION (HAUPTBAHNHOF) +++ BABEL.AMS
TERDAM +++ TÄGLICH 10–22 UHR +++

RESTAURANT GREETJE

Denkwürdig gut habe ich in diesem Restaurant mit holländischen Spezialitäten gegessen – in nostalgischem
Wohnzimmer-Ambiente. Butterweich das Kaninchen
in cremig-dunkler Soße, dazu Süßkartoffelstampf. Und
dann erst die Crème Brulée mit Süßholz und Lakritzeis!
Hauptgerichte 25–30 Euro.

+++ PEPERSTRAAT 23 +++ METRO 51/53/54 NIEUW-
MARKT +++ RESTAURANTGREETJE.NL +++ TÄGLICH
18–1 UHR +++

←□RESTAURANT GEBR. HARTERING

Angenehmes Lokal mit neuholländischer Küche. Auf der
kleinen Speisekarte stehen saisonale Gerichte aus hoch-
wertigen, meist lokalen Zutaten. 5-Gänge Menü 55 Euro.

+++ PEPERSTRAAT 10 +++ METRO 51/53/54 NIEUW-
MARKT +++ GEBR-HARTERING.NL +++ TÄGLICH
18–24 UHR +++

5

DOUBLE TREE
BY HILTON AMSTERDAM CENTRAAL

Es verschlägt mir den Atem, als ich die Sky Lounge auf der 11. Hoteletage betrete: Die Aussicht auf die Stadt ist spektakulär – vor allem auf der Dachterrasse.

+++ OOSTERDOCKSSTRAAT 4 +++ WENIGE GEH-MINUTEN VOM HAUPTBAHNHOF +++ DOUBLETREE3.HILTON.COM +++ SO–DI 11–1 UHR. MI/DO 11–2 UHR. FR/SA 11–3 UHR +++

NATIONALE OPERA & BALLET

Kunsterlebnis auf höchstem Niveau: Die Niederländische Oper und das Nationalballett sind eine internationale Topadresse.

+++ AMSTEL 3 +++ METRO 51/53/54 ODER TRAM 14 WATERLOOPLEIN +++ OPERABALLET.NL +++

+ + + + + + + + + + + + **SHOPPEN** + + + + + + + + + + + +

DSIGN AMSTERDAM

Schicke Boutique mit niederländischem Design: Sonnen-brillen, Lederaccessoires, Halstücher und, und, und ... Von Souvenirs, die das Urlaubsbudget schonen, bis hin zu Handtaschen.

+++ STAALSTRAAT 13 A +++ METRO 51/53/54 WA-TERLOOPLEIN +++ DSIGN.AMSTERDAM +++ TÄGLICH 10–19 UHR +++

CINE QUA NON

Film-Freaks finden in diesem ungewöhnlichen Laden eine Riesenauswahl an Postern, Büchern, DVDs und Fotos.

+++ HOUTKOPERSDWARSSTRAAT 6 +++ METRO 51/53/54 WATERLOOPLEIN +++ CINEQUANON.EU +++ MO–SA 11–19 UHR +++

+ + + + + + + + + + + + SCHLAFEN + + + + + + + + + + + +

GRAND HOTEL AMRÂTH □↑

Etwas ganz Besonderes ist dieses 5-Sterne-Hotel. Der historische Backsteinbau gilt als Architektur-Ikone der »Amsterdamer Schule«. Schwelgen in Luxus: Marmor, Granit, Schmiedearbeiten, Bleiglasfenster ... Zimmer mit hohen Decken und außergewöhnlicher Einrichtung, ein Wellnessbereich und ein stilvolles Bistro fügen sich zu einem Haus der Extraklasse. DZ ab rund 200 Euro.

+++ PRINS HENDRIKKADE 108 +++ TRAM 2/4/11/12/13/14/17/24 ODER METRO 51/53 CENTRAAL STATION +++ AMRATHAMSTERDAM.COM +++

MONET GARDEN HOTEL

Schick und behaglich: Das Boutique Hotel bietet komfortable Zimmer, zum Teil mit Grachtenblick. DZ ab rund 135 Euro, Buchung über die Website meist am günstigsten.

+++ VALKENBURGERSTRAAT 76 +++ METRO 51/53/54 WATERLOOPLEIN +++ MONETGARDENHOTELAMSTERDAM.COM +++

6
WEESPERBUURT EN PLANTAGE

+++ ERLEBEN +++

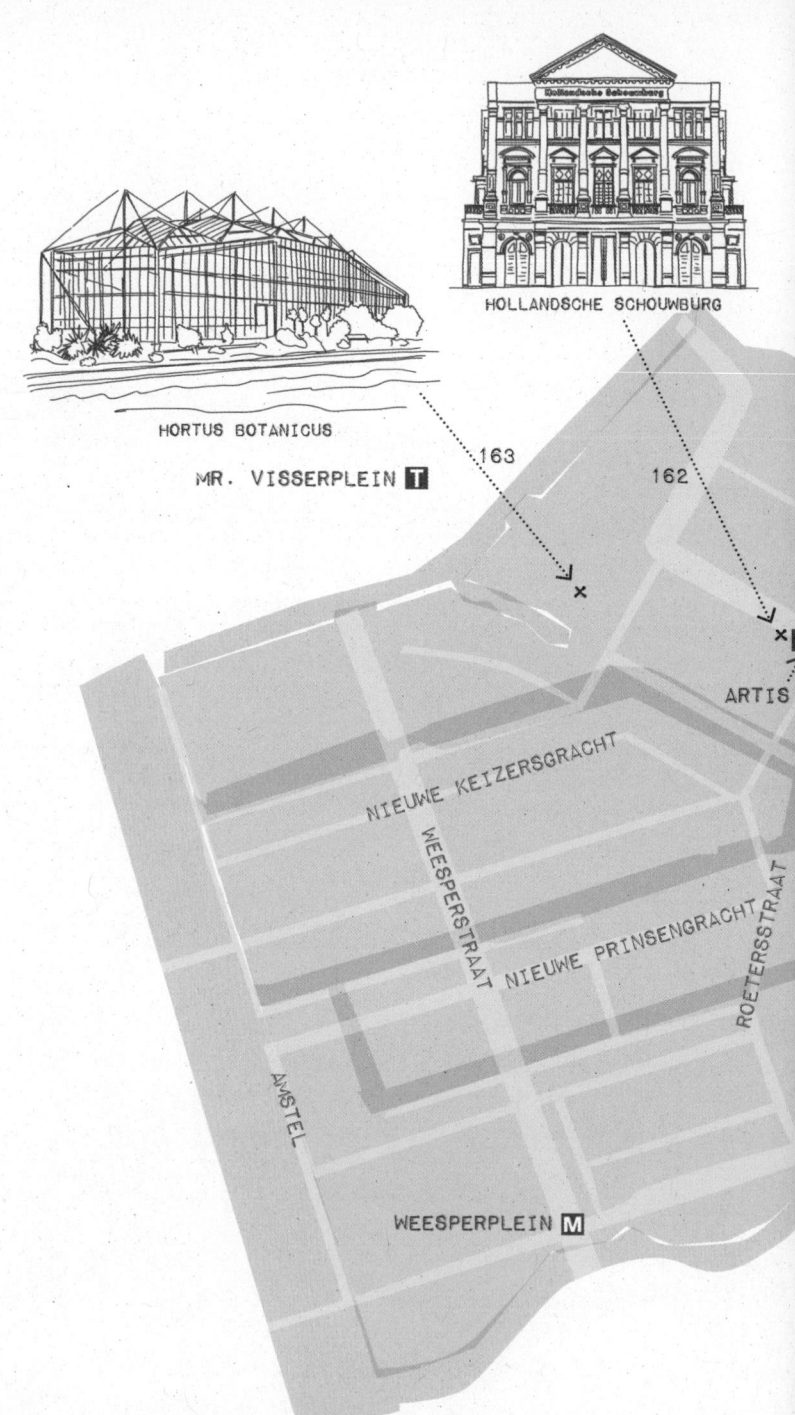

HORTUS BOTANICUS

HOLLANDSCHE SCHOUWBURG

MR. VISSERPLEIN T

163

162

ARTIS

NIEUWE KEIZERSGRACHT

WEESPERSTRAAT

NIEUWE PRINSENGRACHT

ROETERSSTRAAT

AMSTEL

WEESPERPLEIN M

LUFTIG UND GRÜN ist das Straßenbild im eleganten Plantagenviertel. Im 18. Jahrhundert diente der Stadtteil als Lustgarten für die Städter, im 19. Jahrhundert wurde er dann zur Wohngegend. Bis heute hat er sich sein Flair bewahrt. Um den Zoo Artis und den Botanischen Garten entstand ein großbürgerliches Viertel, in dem sich auch viele Juden ansiedelten. Mehrere Stätten erinnern an die Gräuel, die sie während der deutschen Besatzung erleiden mussten.

156
×
IM MIKROBENZOO

163 ×

PLANTAGE
LEPELLAAN **T**

PLANTAGE MIDDENLAAN

PLANTAGE MUIDERGRACHT

ZOO ARTIS

ALEXANDERPLEIN **T**

SARPHATISTRAAT

WEESPERBUURT-->

IM MIKROBENZOO

EIN BESUCH
BEI DEN ÄLTESTEN LEBEWESEN
DER ERDE

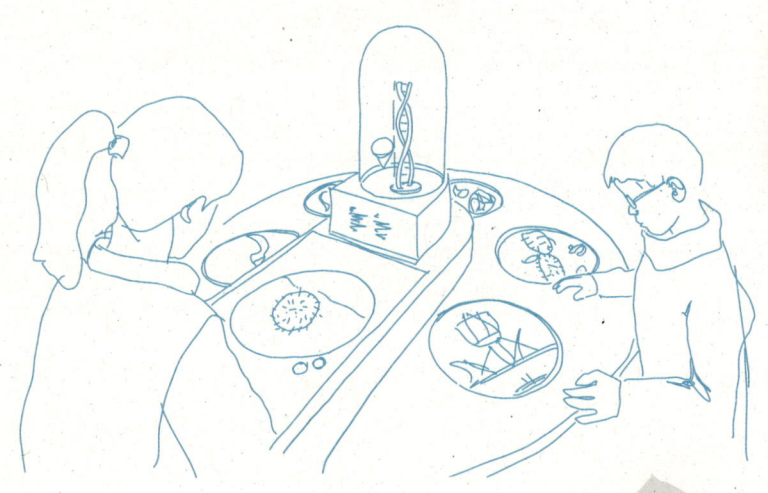

WEESPERBUURT--> ARTIS

+ + + S T E C K B R I E F + + +
WO? PLANTAGE KERKLAAN 38-40 +++ TRAM 14 ARTIS
+++ WANN? MO-MI UND SO 9-18. DO-SA 9-20 UHR.
LAB TALK TÄGLICH 13 UND 16 UHR. FR UND SA AUCH
18 UHR +++ WIE LANGE? WENN MAN SICH WIRKLICH EIN
WENIG MIT DER MATERIE BEFASSEN MÖCHTE. SOLLTE
MAN CIRCA 3 STUNDEN EINPLANEN (NACH OBEN OF-
FEN). LAB TALK CIRCA 15 MINUTEN +++ MICROPIA.NL
+++ WIE VIEL? 15 EURO AN DER KASSE. 1 EURO
RABATT BEI ONLINE-KAUF. DA DAS MIKROBENMUSEUM
ZUM ZOO ARTIS GEHÖRT. GIBT ES EIN KOMBITICKET
FÜR 30.50 EURO (ERSPARNIS 5.50 EURO) +++

NOCH NIE ZUVOR hat die verborgene Welt der Mikroben eine solche Würdigung erfahren! Ein großes, spektakulär aufgemachtes modernes Museum voller Ideen und spannender Details, das allein den Mikroben gewidmet ist: Das ist Micropia, das erste Mikroben-Museum der Welt. Die originelle Inszenierung beginnt bereits beim Einlass. Man marschiert da nicht einfach rein. Nein, ich werde am Eingang von einem Mitarbeiter im weißen Laborkittel in Empfang genommen. In einem dunklen Aufzug schwebe ich ins Obergeschoss. Die Türen gleiten auf – und ich befinde mich in einem schwarzen Kubus, nur beleuchtet vom Licht der Exponate, vom Bodenausschnitt zum Erdgeschoss und von einer gewaltigen bunten Videoleinwand, auf der sich Mikroben langsam auf und ab bewegen. Sphärische Klänge erfüllen die Blackbox mit fast sakraler Atmosphäre. Willkommen bei den ältesten Lebewesen der Erde!

ES KREUCHT UND FLEUCHT auf Monitoren, in Glasflaschen und unter Mikroskopen. Und der Besucher des Mikrobenzoos kann mit den Kleinstlebewesen Kontakt aufnehmen – indirekt zumindest. Ich stelle mich auf einen Bodyscanner, hebe die Arme angewinkelt an, und schon spuckt der Monitor eine erstaunliche Zahl aus: 170 Billionen Mikroben sind auf meinem bzw. auf einem Körper meiner Größe zu finden! Ein Kribbeln überzieht mich von Kopf bis Fuß. Der Monitor, auf dem ich einzelne Körperareale anwählen kann, weiß noch mehr über mich: Zehn Millionen Bakterien gelangen täglich durch meinen Mund in den Magen. Und 50 bis 100 Bakterienspezies leben in meiner Nase. In den Augen haben sich's immerhin nur 5 Spezies gemütlich gemacht. Das Display erzählt mir außerdem, dass die weibliche Vagina von mehr Bakterien bevölkert wird als der männliche Penis. Ich verlasse schnell den Scanner und teste mit meinem Mann das Kiss-O-Meter. Das rote Herz auf dem Fußboden, das wir dafür betreten müssen, erinnert ein wenig an eine Dating-Show. Wir küssen uns, und prompt erscheint auf dem Bildschirm eine Zahl: 80 Millionen Bakterien haben gerade den Besitzer gewechselt. Wie unromantisch!

NEBENAN LIEGT UNTER GLAS – eine tote Giraffe! Ein frappierender Anblick. Seitlich liegt sie da, die Beine angewinkelt, den Hals in Falten gelegt. »Sie ist eines natürlichen Todes gestorben«, versichert ein Mitarbeiter in weißem Kittel. Im Zoo nebenan. An dem Giraffenbaby wird demonstriert, wie Mikroorganismen einen Kadaver zersetzen. Harmloser geht's im *lab talk* zu. Täglich bietet das Labor, in dem sich Wissenschaftler mit rund 300 Mikrobenarten befassen, einen kleinen Vortrag. Heute bringt eine Mitarbeiterin das Bodenbakterium Streptomyces aus dem Labor mit. Es verursacht den Geruch nasser Erde nach dem Regen. Wir dürfen es in einem Behälter beschnuppern. Stimmt, riecht nach feuchtem Waldboden! Weitere reizende Tierchen, mit denen ich unbekannterweise mein Leben teile, lerne ich in den Museumsvitrinen kennen: Nach drei Monaten bewohnen 7 Millionen Bakterien die Borsten einer Zahnbürste. Ein Bild veranschaulicht die Invasion. Gleich heute besorge ich eine neue Zahnbürste ... Kurz vor dem Ausgang – der Juckreiz hat weiter zugenommen – wird ein Kraftreiniger angeboten, für 20,50 Euro pro Flasche. Ich bin fast versucht, ihn zu kaufen.

WENN MAN SCHON MAL HIER IST:

Größere Tiere als im Museum Micropia kann man im Zoo erleben – das bietet sich an, denn Micropia gehört zum **Zoo Artis** (siehe S. 163) □→. Wer mag, kehrt anschließend stilvoll im **Café-Restaurant de Plantage** ein (siehe S. 165). Nur rund fünf Minuten braucht man vom Zoogelände zu Fuß zum **Verzetsmuseum**: Es dokumentiert den Widerstand gegen die Nationalsozialisten in Amsterdam (Plantage Kerklaan 61, verzetsmuseum.org, Mo–Fr 10–17 Uhr, Sa/So 11–17 Uhr, 11 Euro).

WENN MAN SCHON MAL IN WEESPERBUURT EN PLANTAGE IST

+++ SEHEN +++
+++ ESSEN +++
+++ AUSGEHEN +++
+++ SHOPPEN +++
+++ SCHLAFEN +++

6

ARTIS

PARK
DIEREN
MICROBEN
ERFGOED

HOLLANDSCHE SCHOUWBURG

Die Hollandsche Schouwburg, 1892 erbaut, war bis zum Zweiten Weltkrieg ein erfolgreiches Theater. Während des Krieges nutzten die deutschen Besatzer die einstige Theaterstätte als Deportationszentrum. 60.000 bis 80.000 Juden wurden von dort in das Durchgangslager Westerbork geschickt, von wo aus sie in Konzentrations- und Vernichtungslager weiterverteilt wurden. Heute ist das Gebäude eine beeindruckende Gedenkstätte mit Ausstellung und einer Gedenkwand. Sie trägt die Namen Tausender niederländischer Juden, die dem Nationalsozialismus zum Opfer fielen.

+++ PLANTAGE MIDDENLAAN 24 +++ TRAM 14 ARTIS +++ JCK.NL +++ TÄGLICH 11–17 UHR +++ 17 EURO (KOMBITICKET MIT VIER WEITEREN JÜDISCHEN STÄTTEN: PORTUGIESISCHE SYNAGOGE, JOODS HISTORISCH MUSEUM, NATIONAAL HOLOCAUST MUSEUM, VERZETSMUSEUM) +++

←⬚ ZOO ARTIS

Bei seiner Eröffnung 1838 hatte der Zoo nur einige Affen, Papageien und eine Wildkatze aus Surinam zu bieten. Heute gibt es groß angelegte Außengehege, ein Aquarium und Planetarium. Samstag und Sonntag um 14 Uhr finden Führungen statt, und ein Stundenplan auf der Website vermerkt, wann wo eine Fütterung zu sehen ist.

+++ PLANTAGE KERKLAAN 38-40 +++ TRAM 14 ARTIS +++ ARTIS.NL +++ MÄRZ-OKT. 9-18 UHR, SONST 9-17 UHR. JUNI-AUG. SA 9 UHR BIS SONNENUNTERGANG +++ 24 EURO. BEI ONLINE-KAUF 22 EURO. KOMBITICKET MIT MUSEUM MICROPIA 30.50 EURO. BEI ONLINE-KAUF 28.50 EURO +++

HORTUS BOTANICUS

Der Botanische Garten von Amsterdam ist zwar klein und nicht so spektakulär wie manche seiner »Artgenossen«, aber: Er entstand im Jahr 1638 und ist damit einer der ältesten der Welt! Durch den Handel mit Übersee gelangten auch exotische Zierpflanzen hierher, von wo aus sie Verbreitung in Europa fanden.

+++ PLANTAGE MIDDELLAAN 2A +++ TRAM 14 MR. VISSERPLEIN. METRO 51, 53, 54 (STATION WATERLOOPLEIN) +++ DEHORTUS.NL +++ TÄGLICH 10-17 UHR. SONNTAGS IM JULI UND AUG. BIS 19 UHR +++ 9.75 EURO +++

CAFÉ SMIT & VOOGT

Klein und gemütlich. Besonders gern sitze ich auf der Holz-Empore des hübschen Ecklokals. Freundlich serviert werden Kleinigkeiten wie Salate, Toasts, Bitterballen und Kroketten.

+++ PLANTAGE PARKLAAN 10 +++ TRAM 14 ARTIS +++ CAFESMITENVOOGT.NL +++ SO-DO 10-1 UHR, FR/SA 10-3 UHR +++

DE GROENE OLIFANT

Ein schöner Ort zum Verweilen ist dieses nostalgische Lokal. Gemütlich sitzt man auf der kleinen Holz-Empore - und lässt sich vom freundlichen Personal holländische Happen oder internationale Küche servieren.

+++ SARPHATISTRAAT 510 +++ TRAM 7 ALEXAN-DERPLEIN +++ DEGROENEOLIFANT.NL +++ SO-DO 11-1 UHR, FR/SA 11-2 UHR +++

□↑ CAFÉ-RESTAURANT DE PLANTAGE

Historisches Flair umweht das stilvolle, behutsam restaurierte Lokal. Durch große Fenster fällt das Licht ein, und die moderne Einrichtung fügt sich harmonisch in das ehrwürdige Gemäuer aus dem 19. Jahrhundert. Auf den Tisch kommen mediterrane Gerichte zu 20 Euro.

+++ PLANTAGE KERKLAAN 36 +++ TRAM 14 ARTIS +++ CAFERESTAURANTDEPLANTAGE.NL +++ MO-FR 9-1 UHR, SA/SO 10-1 UHR +++

CAFÉ KOOSJE

In der Kneipe mit den zuplakatierten Wänden geht es entspannt zu. Dass bei meinem Besuch die »Kneipen-Katze« im Fenster sitzt, steigert mein Wohlbehagen. Auf der Karte: unter anderem Suppen, Salate, Burger.

+++ PLANTAGE MIDDENLAAN 37 +++ TRAM 14 ARTIS +++ KOOSJEAMSTERDAM.NL +++ MO-DO 8-1 UHR, FR 8-3 UHR, SA 8-2 UHR, SO 8-1 UHR +++

6

□↑ EIK EN LINDE

Bekannt, beliebt und belebt ist dieses typische bruine Café (der Begriff »bruin« kommt von der dunklen Holzeinrichtung solcher Cafés) mit Billardtisch.

+++ PLANTAGE MIDDENLAAN 22 +++ TRAM 14 MR. VISSERPLEIN +++ EIKENLINDE.NL +++ MO–DO 11–1 UHR, FR 11–2 UHR, SA 14–2 UHR +++

KONINKLIJK THEATER CARRÉ

Einen guten Ruf haben die Aufführungen in edler historischer Kulisse: Top-Musicalproduktionen, Theater, Konzerte, Varieté, Zirkus, Kabarett.

+++ AMSTEL 115–125 +++ METRO 51/53/54 WEESPERPLEIN +++ CARRE.NL +++

MUTSAERS EXPERIENCE STORE

Zeitlos schön: Mutsaers ist ein niederländischer Familienbetrieb, der in dritter Generation handgemachte Handtaschen und andere Lederwaren produziert.

+++ AMSTEL 95-O +++ METRO 51/53/54 WEESPERPLEIN +++ MUTSAERS.NL +++ UM DIE FLEXIBLEN ÖFFNUNGSZEITEN ZU ERFRAGEN, RUFT MAN AN UNTER 0031/85/0602358 +++

SHOP IM BOTANISCHEN GARTEN

Das Geschäft ist auch ohne Ticket für den Botanischen Garten zugänglich und verkauft hübsche Kleinigkeiten rund um Pflanzen oder mit Pflanzendekor: Seifen, Samen, Servietten, Notizbücher.

+++ PLANTAGE MIDDELLAAN 2A +++ TRAM 14 MR. VISSERPLEIN. METRO 51/53/54 WATERLOOPLEIN +++ DEHORTUS.NL +++ TÄGLICH 10-17 UHR. SONNTAGS IM JULI UND AUG. BIS 19 UHR +++

+ + + + + + + + + + SCHLAFEN + + + + + + + + + + + +

HOTEL REMBRANDT

Die einstige Kaufmannsvilla aus dem 19. Jahrhundert ist heute ein Hotel mit 17 unterschiedlich eingerichteten Zimmern: mit Sauna, mit Garten, mit Rembrandts *Nachtwache* ... Kleines Doppelzimmer um 150 Euro.

+++ PLANTAGE MIDDENLAAN 17 +++ TRAM 14 MR. VISSERPLEIN +++ HOTELREMBRANDT.NL +++

HIDE & SLEEP

Romantik für zwei: Gemütlich und komfortabel ist die gut 30 Quadratmeter große Wohnung eingerichtet. Schlaf- und Wohnbereich, Doppeldusche und leckeres Frühstück. Rund 160 Euro.

+++ PLANTAGE BADLAAN 4 HS +++ TRAM 14 PLANTAGE LEPELLAAN +++ HIDEANDSLEEP.NL +++

7

NOORD

+++ ERLEBEN +++

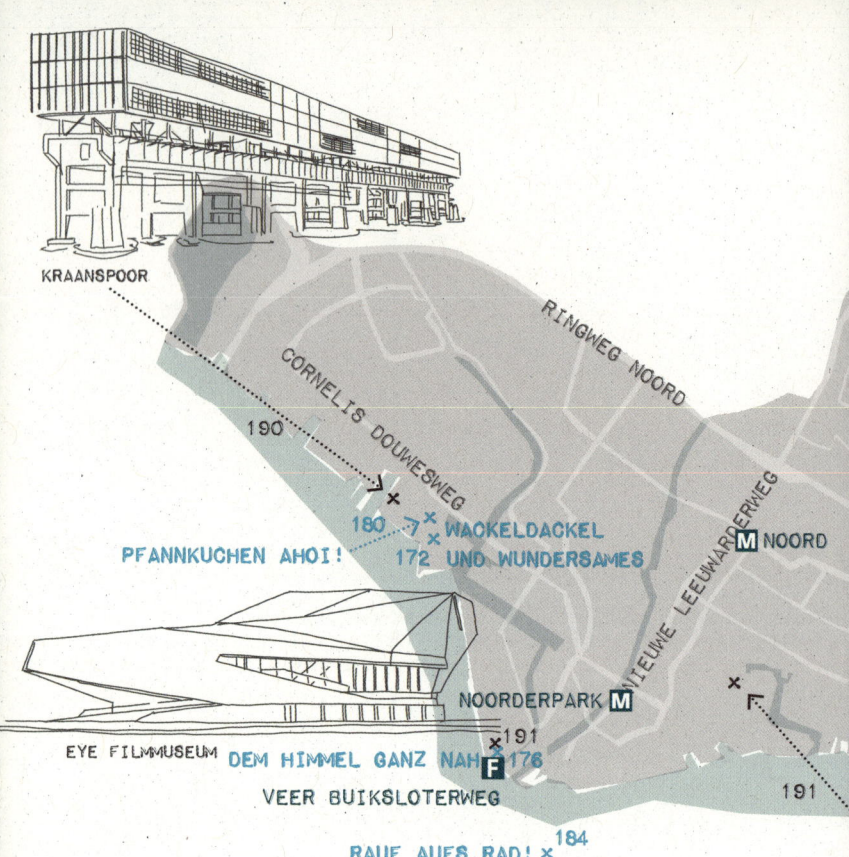

KRAANSPOOR

RINGWEG NOORD

CORNELIS DOUWESWEG

190

× 180 × 7 × WACKELDACKEL

PFANNKUCHEN AHOI!

× 172 UND WUNDERSAMES

NIEUWE LEEUWARDERWEG

M NOORD

NOORDERPARK M

EYE FILMMUSEUM

DEM HIMMEL GANZ NAH × 191
F 176

VEER BUIKSLOTERWEG

191

RAUF AUFS RAD! × 184

VOM SCHMUDDELKIND zum Szeneviertel: Amsterdam Noord hat eine rasante Karriere hinter sich. Im 19. Jahrhundert siedelte sich viel Industrie im einst ländlichen Norden an. Mit dem Niedergang des Hafens und der riesigen Schiffswerften fiel die Gegend an den Ufern des IJ in unruhigen Dämmerschlaf. Doch aus den Industriebrachen sprießen seit den 1990er-Jahren Kunst, Kultur und Kneipen – und die Erlebnishungrigen strömen mit den kostenlosen Fähren vom Hauptbahnhof über den Fluss. Schon sehen viele Kreative den rauen Reiz des »Noordens« in Gefahr.

BROEKERGOUW

NIEUWE GOUW

VLIEGENBOS STADTWALD

NOORD-->

WACKELDACKEL UND WUNDERSAMES

STÖBERN UND STAUNEN AUF DEM GRÖSSTEN FLOHMARKT EUROPAS

NOORD-->

VEER BUIKSLOTERWEG **F**

+ + + S T E C K B R I E F + + +
WO? IJ-HALLEN IN DER EINSTIGEN NDSM-WERFT.
T.T. NEVERITAWEG 15 +++ VON DER RÜCKSEITE DES
HAUPTBAHNHOFS KOSTENLOSE GVB-FÄHRE RICHTUNG
»NDSM-WHARF« NEHMEN. VON DER ANLEGESTELLE
SIND ES DANN WENIGE GEHMINUTEN ZUM EINGANG.
WER MIT DEM AUTO ANREIST, FINDET AUCH PARK-
PLÄTZE (1.30 EURO/STUNDE ODER 7.80 EURO/TAG)
+++ WANN? EINMAL PRO MONAT JEWEILS SAMSTAG UND
SONNTAG 9-16.30 UHR. TERMINE AUF WEBSITE +++
IJHALLEN.NL +++ WIE LANGE? EINE STUNDE ODER
AUCH EINEN TAG +++ WIE VIEL? 5 EURO EINTRITT

DER »GRÖSSTE FLOHMARKT EUROPAS« –

die Werbung der Veranstalter klingt verheißungsvoll. Also auf in den hohen Norden von Amsterdam! Am besten gleich morgens, denn 750 Stände wollen durchstöbert werden. Ich besteige am Hauptbahnhof die Fähre und lasse mir am Außendeck den Wind um die Nase wehen. Ein schöner Start! Nach 20 Minuten legt die Fähre an, und ein ganz anderes Amsterdam breitet sich vor mir aus: Containerhallen und Kräne statt Giebel und Grachten. Rau, anregend und aufregend! Ich folge dem Menschenstrom Richtung Flohmarkt. Viele ziehen Rollkoffer hinter sich her. Ein Blick auf meine übersichtliche Handtasche sagt mir: Da passt nichts rein, das war wohl ein Anfängerfehler! Ich reihe mich in die Schlange vor dem Ticket-Container, zahle 5 Euro und betrete einen großen Hof in der einstigen NDSM-Werft.

WUSELIGES TREIBEN umfängt mich. An den Ständen im Freien gibt's die großen Brocken: Vintage-Sessel mit lachsfarbenem Stoffbezug, Barhocker, eine rosa Gitarre, alte Wandspiegel, große Kitsch-Statuen für … ja, wofür eigentlich? Den Vorgarten vielleicht. Ich muss unwillkürlich schmunzeln über das bunte Sammelsurium. Ein Mann fährt einen weißen Riesenpudel in einem Kinderwagen an mir vorbei. Kein Stoffpudel, sondern ein sehr lebendiger, und mein Schmunzeln geht bei dem Anblick in Lachen über. Auf eine Backsteinwand hat jemand den Satz gesprüht: »Make art, not €!« Ich hoffe, der Mann am Stand mit den Wackeldackeln hält sich dran, und frage nach dem Preis. 10 Euro das Stück. Kann man sich leisten. Und in die Handtasche passt er auch. Gekauft!

Ich gehe in die riesige Werfthalle. Wo einst Riesentanker vom Stapel liefen, türmt sich heute Kram und Krempel: abgeliebte Teddys, Military-Mäntel, rosa Korsagen, Plastikferkel, Schaukelpferdchen, Schmuck, Geschirr, Besteck, Handtaschen, Schuhe … Eine kostbare Jugendstillampe wird man hier wohl eher nicht erstehen. Aber witzige Funde sind auf jeden Fall darunter, und die Atmosphäre macht Riesenspaß und gute Laune!

WIE ANDERS muss die Stimmung gewesen sein, als Arbeiter auf dem Gelände noch riesige Schiffe zusammenbauten. Schließlich war die NDSM-Werft nach dem Zweiten Weltkrieg die größte Europas! Frachter und Tanker wurden hier gefertigt, bis 1984 die gesamte Werft bankrott ging. Daraufhin verfiel das Gelände. Seit den 1990ern erfand es sich als Kultur- und Kreativzentrum neu: Vom Flohmarkt aus sehe ich hinter einer Absperrung die bunten Büro-Container, die Künstler und Kreative in der Werfthalle für ihre Start-ups gemietet haben.

Ich bestelle eine Portion Poffertjes und stürze mich wieder ins Flohmarkttreiben. An einem Stand streichle ich einem ausgestopften Frettchen vorsichtig übers schneeweiße Fell. Der Verkäufer lacht: »Wenn Sie es kaufen, können Sie es immer streicheln!« Stimmt schon, aber ein totes Frettchen im Wohnzimmer ... ich weiß nicht. Ich nehme lieber den großen Plüschhasen-Overall nebenan. Mein nächster Rosenmontag ist gerettet – mit einem Karnevalskostüm aus Amsterdam!

WENN MAN SCHON MAL **HIER** IST:

Nach dem Flohmarkt erst mal Pause: Ich entspanne im **Café Noorderlicht**, bestelle Toast mit Gänsepastete und Cranberry-Kompott (siehe S. 193). Auf dem Weg zum Anleger kommt man an einem einsamen Kran vorbei: Es ist das **Kranhotel Faralda** – die Suite für zwei kann gut 800 Euro pro Nacht kosten! Unterwegs zur Fähre habe ich bunte Fotomotive vor der Linse: kleine Containerwürfel ☐→ zum Wohnen und/oder Arbeiten, rot, grün, mit Graffiti, mit Auto auf dem Dach ...

DEM HIMMEL GANZ NAH

AUF DER HÖCHSTEN SCHAUKEL EUROPAS

<--NOORD

VEER BUIKSLOTERWEG

+ + + S T E C K B R I E F + + + WO? OVERKOEKSPLEIN 5 +++ VON DER RÜCKSEI-TE DES HAUPTBAHNHOFS GRATIS-FÄHRE RICH-TUNG BUIKSLOTERWEG NEHMEN +++ WANN? TÄGLICH 10-22 UHR. LETZTER EINLASS 21 UHR. MAN BUCHT ÜBER DIE WEBSITE EINE FESTE EINTRITTSZEIT! +++ ADAMLOOKOUT.COM +++ WIE LANGE? DAS TICKET FÜR DIE SCHAUKEL HAT EIN ZEITFENSTER VON 20 MINUTEN. MAN SOLLTE CA. 30 MINUTEN VOR DER SCHAUKEL-ZEIT VOR ORT SEIN +++ WIE VIEL? 12.50 EURO FÜR ZUGANG ZUM DACH PLUS 5 EURO EXTRA FÜR DIE SCHAUKEL +++ WICHTIG! SCHAUKEL NICHT ZUGÄNGLICH FÜR KINDER UNTER 1,30 METER +++

AUF DEM WEG ZUM

A'dam Lookout bekomme ich ein bisschen kalte Füße. Vielleicht kneife ich, wenn ich da oben stehe? Auf dem Dach des ehemaligen Shell-Büroturms erwartet mich immerhin die höchste Schaukel Europas! Vom Dach weg schwingt sie ins Freie – in 100 Metern Höhe. Die Aussicht auf die Stadt dürfte gigantisch sein. Aber unter mir wird sich ganz schön viel Nichts auftun ... Ich gehe zur Kasse des Erlebnisturms, und der Parcours beginnt. Zum Aufwärmen ist erst mal ein Fotostopp vorgesehen: Auf einem Balken turnen Paare oder Einzelne herum, setzen sich in den Schneidersitz, schneiden Grimassen. Die Amsterdam-Skyline wird dann dazumontiert – als würde man frei auf einem Balken über der Stadt balancieren. Auch ich darf auf den Balken, weiß so schnell gar nicht recht, ob ich liegen, sitzen, lachen oder ernst gucken soll, klick, der Nächste bitte.

IM AUFZUG AUFS DACH hinauf zündet über meinem Kopf plötzlich eine Lichtershow: Der Aufzugschacht leuchtet rot, grün, blau, weiß auf – die Handykameras klicken. Schon sind wir oben, ich trete ins Freie. Es windet, und der Himmel ist grau. Ich reihe mich in die Schlange vor den zwei Zweier-Schaukeln ein, bin nach wenigen Minuten an der Reihe und nehme Platz. Neben mich setzt sich ein junger Brite. Ein Aufpasser zurrt die Haltegurte um mich fest, und schon steigt die Schaukel hoch. Gar nicht schlimm, denke ich. Aber nur kurz. Mit einem Ruck schwingt die Schaukel vom Dach weg, mit beachtlichem Tempo. Unter mir klaffen plötzlich 100 Meter Leere. »Uaaahhh!!!«, entfährt es meinem offenen Mund, und schon schwinge ich zurück, und hoch, und runter, und hoch, und runter. »Uahhh; uuuuuuaaaah!!!« Schööööön, dieses Schweben und Schwingen zwischen Himmel und Erde!

DANN KOMMT DIE HIMMELSSCHAUKEL zur Ruhe und fährt zurück aufs Dach. Geschafft. Nach dem Abschnallen frage ich den Mitarbeiter, wie lange der Spaß gedauert hat. »Eine Minute«, antwortet er. »Die längste Minute meines Lebens«, lacht der Engländer neben mir. Eine tolle Minute, finde ich, aber viel länger hätte es auch für mich nicht dauern dürfen! Mit leicht wackeligen Knien verlasse ich die Schaukel und widme mich dem Hochhaus selbst, das auch ein Erlebnis ist: Musikstudios, ein Burger-Lokal im Erdgeschoss, ein Hotel etwas weiter oben, der Club Shelter im Keller, das Drehrestaurant Moon und das Restaurant Madam ganz oben in der 20. Etage. Hier, im Restaurant Madam, wuselig und gemütlich zugleich mit seinen Sofas, Tischen und der Bartheke, kann ich die Aussicht noch mal in aller Ruhe würdigen. Ich gehe an den bodentiefen Fenstern entlang und sauge das Panorama auf: die Altstadt-Silhouette, das moderne Amsterdam mit seinen futuristischen Hochhäusern, und der breite Fluss IJ, der das Zentrum vom Norden trennt. Und denke: Was für eine Stadt!

WENN MAN SCHON MAL **HIER** IST:

Wer im A'dam Lookout ist, sollte sich die **Skybar Madam** □→ nicht entgehen lassen. Auf der 20. Etage schlürft man Cocktails mit Blick auf die glitzernde Stadt (täglich ab 21.30 Uhr). Freitags und samstags legen DJs auf, bis 21.30 Uhr ist die Sky Bar ein Restaurant. Auch ein Besuch im benachbarten Filmmuseum **Eye** (siehe S. 191) lohnt sich. Unweit davon, in der ehemaligen Shell-Betriebskantine, befindet sich das Kulturzentrum **Tolhuistuin**, in dessen Café es Kuchen, Snacks und Getränke gibt, bei schönem Wetter auf der Terrasse mit Aussicht (IJpromenade 2, täglich 11–22 Uhr, tolhuistuin.nl).

PFANNKUCHEN AHOI!

EINE FAHRT
MIT DEM PANNENKOEKENBOOT

NOORD-->

VEER BUIKSLOTERWEG **F**

+ + + S T E C K B R I E F + + +
WO? MS. VAN RIEMSDIJKWEG (NEBEN ANLEGESTELLE DER
FÄHRE) +++ AB HAUPTBAHNHOF GRATIS-FÄHRE RICHTUNG
»NDSM-WHARF« +++ WANN? GANZJÄHRIG, ABER NICHT
TÄGLICH. AN DEN FAHR-TAGEN MEHRMALS TÄGLICH.
TAGE UND UHRZEITEN ÄNDERN SICH VON MONAT ZU MO-
NAT (SIEHE WEBSITE) +++ AMSTERDAM.PANNENKOEKEN
BOOT.NL +++ WIE LANGE? 75 MINUTEN +++ WIE VIEL?
BUCHUNG ÜBER WEBSITE: ERWACHSENE 19.50 EURO.
KINDER (3-11) 14.50 EURO. BEI BUCHUNG AUF BOOT
JE 2 EURO AUFPREIS. GETRÄNKE EXTRA +++ WICHTIG!
EINSCHIFFUNG 15 MINUTEN VOR ABFAHRT. AN BORD NUR
KARTENZAHLUNG (EC UND KREDITKARTE) +++

ICH HABE AM VORMITTAG ordentlich ge-
hungert. Denn am Nachmittag fahre ich mit dem Pannenkoekenboot. Und da gibt es Pfannkuchen, so viel man
will. Das war mir klar. Nicht klar war mir im Vorfeld, dass
die Tour etwas bietet, das fast noch schöner ist als Pfannkuchen essen: eine Traumaussicht! Vom Hauptbahnhof
reise ich mit der Gratis-Fähre an, und beim Aussteigen
sehe ich das Pannenkoekenboot schon neben der Anlegestelle der Fähre schaukeln. Nostalgisch sieht es aus. Alt
ist es aber nicht, sondern 1997 speziell als Pfannkuchen-
boot gebaut.

Eine Viertelstunde vor der Abfahrt steige ich ein, umringt
von Familien mit ihrem erwartungsfrohen Nachwuchs.
Im Innenraum hallt Kinderlachen und -weinen. Vor der
Bootsküche ist schon alles aufgebaut für die große Pfann-
kuchenschlacht: Smarties, Marshmallows, Zimtzucker,
Schokostreusel, Bananen, Kompott, Schinken, Käse, Ei …

DAS BOOT LEGT AB, und das große Mampfen beginnt: Die Passagiere, vor allem die kleinen, rennen zur Küchen-Durchreiche. Dort stapeln sich in Regalen Teller mit drei Pfannkuchen-Grundsorten: natur, Speck und Apfel. Den Rest schaufeln sich die Gäste selbst obendrauf. Ich entscheide mich zuerst ganz puristisch für Apfel-Zimt-Zucker. Der Pfannkuchen ist dick und fluffig. Schmeckt! Ein kleiner Junge neben mir packt auf seinen Speckpfannkuchen genüsslich Salami, Camembert und gaaanz viel Zucker, rollt die abenteuerliche Komposition ein, fasst die Rolle beherzt mit beiden Händen und nuckelt daran wie an einer Weißwurst.

400 Pfannkuchen werden pro Fahrt verputzt, wenn alle 112 Plätze innen und die 30 Plätze außen besetzt sind. »Der Rekord liegt bei 15 Pfannkuchen pro Person«, lacht der Geschäftsführer, »den meisten reichen aber zwei bis drei Stück.« In der winzigen Bootsküche arbeiten ein bis zwei Köche im Akkord: Auf einer heißen Drehscheibe stehen zwölf Pfannen bereit. Fertigmischung aus dem Eimer in die Pfannen, brutzeln, raus, die nächsten zwölf. Von der Vorstellung, dass die Köche den Teig liebevoll an Bord zubereiten, sollte man sich verabschieden.

WÄHREND DIE MEISTEN Gäste mit Pfannkuchen und Bällchenbad beschäftigt sind, ziehen Möwen, Kräne und eine Windmühle langsam an uns vorbei. Wir befahren den Fluss IJ, der früher ein Meeresarm der Zuiderzee war, bevor er im 19. Jahrhundert durch einen Damm abgetrennt wurde. An den Ufern des Flusses, der die Altstadt von Amsterdam Noord trennt, entfaltet sich das moderne Amsterdam. Ich genehmige mir einen Bananen-Schoko-Pfannkuchen, kaue und staune: Die Bahnhofsrückseite, das Kreuzfahrtterminal, die Konzerthalle Muziekgebouw tauchen in den Bootsfenstern auf, gläserne Türme, durchbrochene Baukörper und spiegelnde Fassaden, topmoderne Wohnungen, Büros und Hotels. Hier ist Amsterdam Lichtjahre von der Grachtenromantik der Altstadt entfernt, avantgardistisch, originell und überraschend.

Schade eigentlich, dass kaum ein Passagier seine Nase aus den Pfannkuchen hebt. Denn genau genommen sind das drei Ausflüge in einem: Pfannkuchentour, Mini-Kreuzfahrt und Architektur-Vergnügen!

7

WENN MAN SCHON MAL **HIER** IST:

Keine zehn Gehminuten von der Anlegestelle des Pannenkoekenboots entfernt befindet sich sehenswerte Architektur: **Kranspoor** heißt das 270 Meter lange Bürogebäude, das auf Stelzen im Wasser schwebt (siehe S. 190). Auf dem Rückweg bietet sich noch ein Spaziergang über den Hafensteg an, an dem Bootshotels und einige Bootslokale mit Terrassen ankern ▢→. Wer die Fähren im Blick haben will, kehrt in der **IJ-Kantine** ein (siehe S. 193).

RAUF AUFS RAD!

FAHRRADTOUR DURCH DEN AMSTERDAMER NORDEN

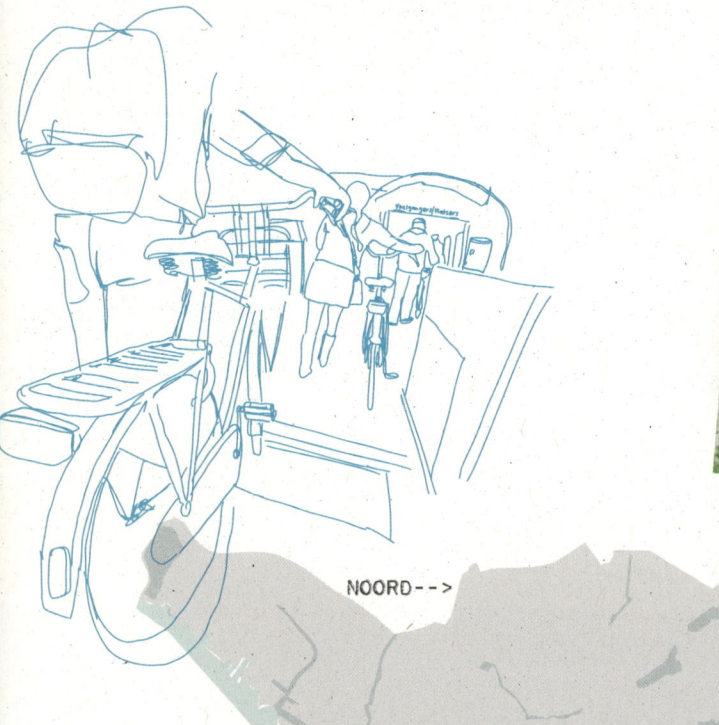

NOORD-->

VEER BUIKSLOTERWEG F

×

+ + + S T E C K B R I E F + + +
WO? STARTPUNKT: RADVERLEIH MACBIKE. OOSTER-
DOKSKADE 63A +++ WANN? RADVERLEIH TÄGLICH
9-18 UHR +++ WIE LANGE? CA. 2.5 STUNDEN +++
WIE VIEL? FAHRRAD 7.50 EURO FÜR 3 STUNDEN.
FÄHRE KOSTENLOS! +++

184 GÜNSTIG. FAMILIENFREUNDLICH

RADFAHRER SIND DIE HERRSCHER

über die Straßen von Amsterdam. Dicht an dicht rasen sie durch die Innenstadt – sich als Tourist unterzumischen erfordert gute Nerven und Übung auf dem Fahrradsattel. Wer es ruhiger mag, wie ich, für den ist der Norden Amsterdams das ideale Ausflugsziel. Bei einem Fahrradverleih in der Nähe der Centraal Station miete ich mir ein Rad. Doch bevor ich mit meinem roten Blitz aus der allein für Fahrräder gebauten Tiefgarage radle, gibt es eine kurze Einweisung in die Regeln des Radfahrverkehrs. Oben angekommen, drehe ich noch eine kleine Testrunde, um mich an mein Leihrad zu gewöhnen, und dann geht's zum Fähranleger auf der Rückseite der Centraal Station.

HIER HERRSCHT reges Treiben, und ich reihe mich für die kurze Überfahrt ans gegenüberliegende Ufer ein. Die Fahrt über den IJ zum Buiksloterweg dauert nur knapp zwei Minuten. Schon kurz bevor die Fähre auf der anderen Seite anlegt, springen die Motoren einiger Roller an, und die Fahrradfahrer steigen wieder in den Sattel. Mit einem sanften Schub docken wir an. Für einen Moment fühle ich mich, als wäre ich in ein Formel-1-Rennen geraten, bei dem der Startschuss gerade gefallen ist. Denn alles und jeder versucht so schnell wie möglich die Fähre zu verlassen. Ich halte mich dezent zurück und fädle mich in den Strom der Nachzügler ein. Zunächst scheint es die meisten von uns in dieselbe Richtung zu treiben, gen Norden, den Buiksloterweg entlang. Doch nach einer Linkskurve gabelt sich der Weg, ich biege rechts ab, bleibe auf dem Buiksloterweg, und habe plötzlich die Straße ganz für mich alleine. Die Häuser hier erinnern mich an Lebkuchenhäuschen, so winzig sind sie, und spätestens, nachdem ich den kleinen Park auf der linken Seite erreicht habe, ist ganz klar: Ich habe das Amsterdam, das man kennt, hinter mir gelassen.

NOORD ZEIGT SICH HIER von einer unerwarteten Seite – sehr grün und mit fast ländlicher Atmosphäre. Doch das ändert sich, als ich über die Brücke in die Havikslaan fahre und dann links in die Meeuwenlaan abbiege, wo die Spuren der industriellen Vergangenheit dieses Viertels sichtbar werden. Wer jetzt schlappmacht, kann in dem Industriegebiet auf der rechten Seite bei einer der hippen Brauereien einkehren, zum Beispiel in der Oedipus Brauerei (siehe S. 194). Für mich geht's direkt weiter zum Nieuwendammerdijk und zur Gartendorf-Idylle Buiksloot. Es kräht sogar ein Hahn, als ich aus dem Sattel steige, um Fotos von den Häuschen mit ihren hübschen Giebeln, den Rosenstöcken und Bänken vor der Tür zu schießen. Weiter geht's vorbei an einem Yachthafen und dann, umringt von Grün, den Schellingwouderdijk entlang.

Mein letzter Stopp ist die Schellingwouderkerk. Im Schatten der Bäume an der kleinen Kirche gönne ich mir ein Picknick und genieße das Vogelgezwitscher, bevor ich mich auf den Rückweg mache, zu dem Amsterdam, wie man es kennt.

WENN MAN SCHON MAL HIER IST:

Wer zwischendurch eine Verschnaufpause einlegen möchte, tut dies am besten im **Café 't Sluisje** am Niewendammerdijk 297. Das ehemalige Schleusenhäuschen steht bereits seit 1565 an dieser Stelle. Seit gut 100 Jahren serviert das »braune Café« holländische Snacks und internationale Küche (Di–Do 11–1 Uhr, Fr 11–2 Uhr, Sa/So 10–1 Uhr, cafe hetsluisje.nl).

WENN MAN SCHON MAL IN NOORD IST

+++ SEHEN +++
+++ ESSEN +++
+++ AUSGEHEN +++
+++ SHOPPEN +++
+++ SCHLAFEN +++

KRAANSPOOR

Architekturfans dürfte beim Anblick dieses »Bürogebäudes« der Atem stocken! Bis in die 1980er-Jahre wurden an der Schiffskrananlage, die auf Pfählen im Hafenbecken ruht, die Supertanker der NDSM-Werft gebaut. Das Industriemonument aus dem Jahre 1952 sollte dann nach Plänen der Stadt abgerissen werden. Doch Architektin Trude Hooykaas setzte sich mit ihrer Vision durch – und baute auf das mächtige Betonfundament einen dreistöckigen Büroriegel aus Glas und Stahl. Dabei schwebt das gläserne Gebäude auf Stahlsäulen drei Meter über dem Betonkoloss. Die spektakuläre Konstruktion, 2007 fertiggestellt, ist 270 Meter lang und 13,8 Meter breit.

+++ DAS GEBÄUDE ZIEHT SICH ENTLANG DER GLEICHNAMIGEN STRASSE KRAANSPOOR. GANZ IN DER NÄHE DES RESTAURANTS LOETJE AAN 'T IJ +++ AB HAUPTBAHNHOF FÄHRE RICHTUNG NDSM-WHARF +++

EYE FILMMUSEUM

Allein schon für das spektakuläre Gebäude lohnt sich ein Besuch des Filmmuseums, das seit dem Jahr 2012 das IJ-Ufer aufwertet. Wie ein weißes Ufo, gelandet an den Ufern des Flusses, wirkt der Entwurf des Wiener Architekturbüros Delugan Meissl. Neben einer digitalisierten Filmsammlung und Wechselausstellungen gibt es Kinovorführungen in mehreren Sälen, einen Museumsshop und ein Restaurant mit Terrasse und Traumblick aufs Wasser.

+++ IJPROMENADE 1 +++ AM BAHNHOF FÄHRE RICHTUNG BUIKSLOTERWEG NEHMEN +++ EYEFILM.NL +++ MUSEUM: TÄGLICH 10-19 UHR. KINOKASSE: SO-DO 10-22 UHR. FR/SA 10-23 UHR. SHOP: TÄGLICH 11-21 UHR. RESTAURANT SO-DO 10-1 UHR. FR/SA 10-2 UHR +++ AUSSTELLUNG 11 EURO. KINO 11 EURO. KOMBITICKET 19 EURO +++

VLIEGENBOS

Grünflächen gibt es in Amsterdam viele. Doch der Vliegenbos ist besonders. Denn es ist kein Park, sondern ein Wald. Mitten in der Stadt. Wild und ungezähmt. Mit Hase und Igel, Specht und Eisvogel. Ideal für eine etwas andere »Stadtwanderung«. Der sozialistische Beigeordnete W. H. Vliegen ließ den 27 Hektar großen Stadtwald 1911 anlegen – als grünen Puffer zwischen Arbeiterwohnvierteln und Hafenindustrie.

+++ VLIEGENBOS.AMSTERDAM +++ METRO 52 NOORDERPARK. VON DORT 10 MINUTEN ZU FUSS ODER BUS 35 BIS MERELSTRAAT +++

← LOETJE AAN 'T IJ

Gepflegt und behaglich ist das Lokal in einem runden Pavillon mit großen Panoramafenstern und Terrasse. Die Aussicht aufs Wasser ist wundervoll, das Essen (10–25 Euro) gut.

+++ WERFKADE 14 +++ AB HAUPTBAHNHOF FÄHRE RICHTUNG NDSM-WHARF +++ AANTIJ.LOETJE.NL +++ TÄGLICH AB 10 UHR. KÜCHE BIS 22.30 UHR +++

RESTAURANT STORK

Raue Schale, edler Kern: Im reizvollen Ambiente einer einstigen Maschinenfabrikhalle direkt am Wasser schlemmen die Gäste viel Fisch und Schalentiere (ca. 22 Euro).

+++ GEDEMPT HAMERKANAAL 201 +++ METRO 52 NOORDERPARK +++ RESTAURANTSTORK.NL +++ TÄGLICH AB 11 UHR +++

NOORDERLICHT

Ein Urgestein auf dem Werftgelände! An den Holztischen im Glashaus wird gutes Essen (7–17 Euro) serviert.

+++ NDSM PLEIN 102 +++ AB HAUPTBAHNHOF FÄHRE RICHTUNG NDSM-WHARF +++ NOORDERLICHTCAFE.NL (AKTUELLER VERANSTALTUNGSKALENDER FÜR KONZERTE UND PARTYS) +++ TÄGLICH AB 11 UHR. KÜCHE BIS 22 UHR. BAR BIS 24 UHR. AN WOCHENENDEN MIT FLOHMARKT IN DEN IJ-HALLEN IST AB 10 UHR AUF +++

IJ-KANTINE

Ein Klassiker ist dieses minimalistische Lokal. Vier-Meter-Bar, hohe Decke, Terrasse am Wasser. Auf der Karte: internationale Küche und holländische Snacks.

+++ NDSM-KADE 5 +++ AB HAUPTBAHNHOF FÄHRE RICHTUNG NDSM-WHARF +++ IJKANTINE.NL +++ TÄGLICH AB 9 UHR. KÜCHE SCHLIESST UM 23 UHR +++

7

PLLEK

Coole Location im Industrie-Design: Im Pllek wird getrunken, gegessen, gefeiert. Es gibt Livemusik und DJ-Abende. Oder einfach einen Cocktail mit schönem Ausblick.

+++ TT NEVERITAWEG 59 +++ AB HAUPTBAHNHOF FÄHRE RICHTUNG NDSM-WHARF +++ AKTUELLES PROGRAMM: PLLEK.NL +++ MO-DO UND SO 9.30-1 UHR, FR/SA 9.30-3 UHR +++

⬈ OEDIPUS BREWING

Von vier Freunden gegründet wurde diese kleine Brauerei mit bunter Trinkhalle. Gute Grundlage für den Biergenuss: die Burger.

+++ GEDEMPT HAMERKANAAL 85 +++ METRO 52 NOORDERPARK +++ OEDIPUS.COM +++ DO 17-22 UHR, FR/SA 14-23 UHR, SO 14-22 UHR +++

NEEF LOUIS

Ein unglaubliches Sammelsurium aus Vintage-Möbeln, Lampen, Industriedesign und nostalgischen Accessoires.

+++ PAPAVERWEG 46-48 +++ METRO 52 NOORDERPARK, BUS 35 FLORAWEG +++ NEEFLOUIS.NL +++ DI-SA 10-18 UHR +++

LANDMARKT

Kleiner überdachter Markt mit leckerer Ware direkt vom Bauern: Fisch, Käse, Obst, Gemüse, Brot ... Mit Restaurant.

+++ SCHELLINGWOUDERDIJK 339 +++ TRAM 26 ZUIDER-ZEEWEG +++ LANDMARKT.NL +++ MO-SA 9-20 UHR, SO 11-19 UHR, RESTAURANT: MO-SA 9-22 UHR, SO 11-22 UHR +++

+ + + + + + + + + + **SCHLAFEN** + + + + + + + + + + + + +

SIR ADAM HOTEL

Aus dem Bett schaut man durch bodentiefe Fenster auf die Stadt – kann man schöner aufwachen? Viel Glas und ein raues Design mit nackten Betonwänden machen dieses komfortable Hotel unverwechselbar. Ein Erlebnis! DZ ab rund 140 Euro, die Preise können aber, je nach Saison und Zimmertyp, auch bis 500 Euro und mehr steigen.

+++ OVERHOEKSPLEIN 7 +++ AB HAUPTBAHNHOF FÄHRE RICHTUNG BUIKSLOTERWEG +++ SIRHOTELS.COM +++

HOTEL CAFÉ MODERN

Retro-Chic mit vielen witzigen, bunten Details – diese Mini-Unterkunft ist etwas Besonderes. Die drei ausgefallenen Zimmer liegen über dem Restaurant Café Modern. DZ ab rund 80 Euro, kein Frühstück.

+++ MEIDOORNWEG 2 +++ AB HAUPTBAHNHOF FÄHRE RICHTUNG BUIKSLOTERWEG +++ HOTELCAFEMODERN.NL +++

8
ABSEITS
VOM SCHUSS

+++ ERLEBEN +++

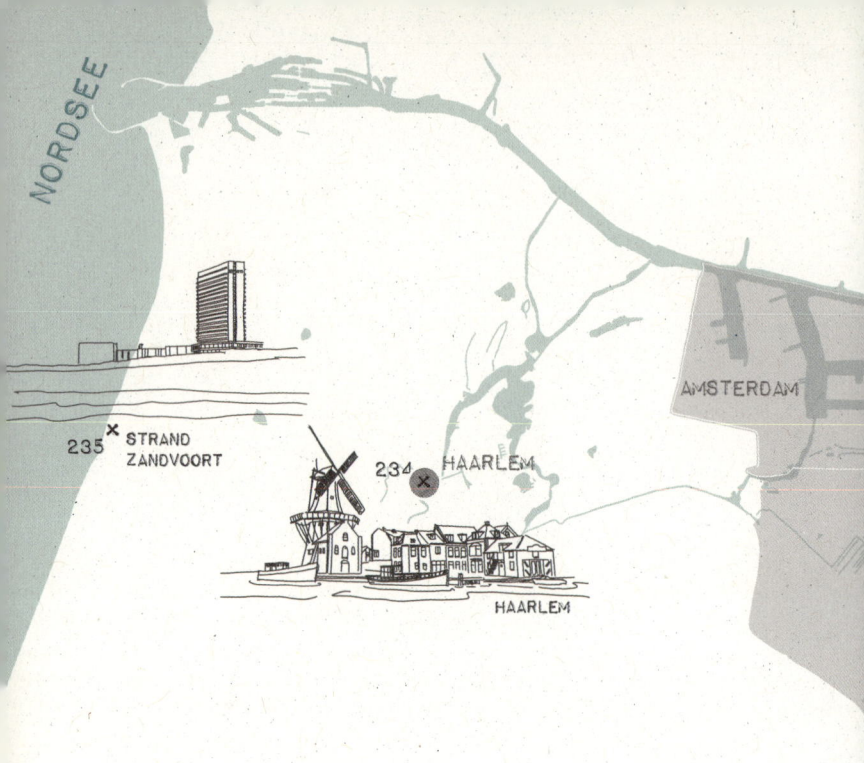

AMSTERDAM

235 [×] STRAND
ZANDVOORT

234 HAARLEM

HAARLEM

ALS HÄTTE DIE STADTMITTE nicht schon genug zu bieten! Amsterdam ist auch in entlegeneren Ecken überraschend, inspirierend, vielfältig. Das Street-Art-Museum ist solch eine Überraschung. Und auch wenn es schwerfällt, Amsterdam zu verlassen, lohnt es doch: Strände, Dünen, Blumen und alte Mühlen warten …

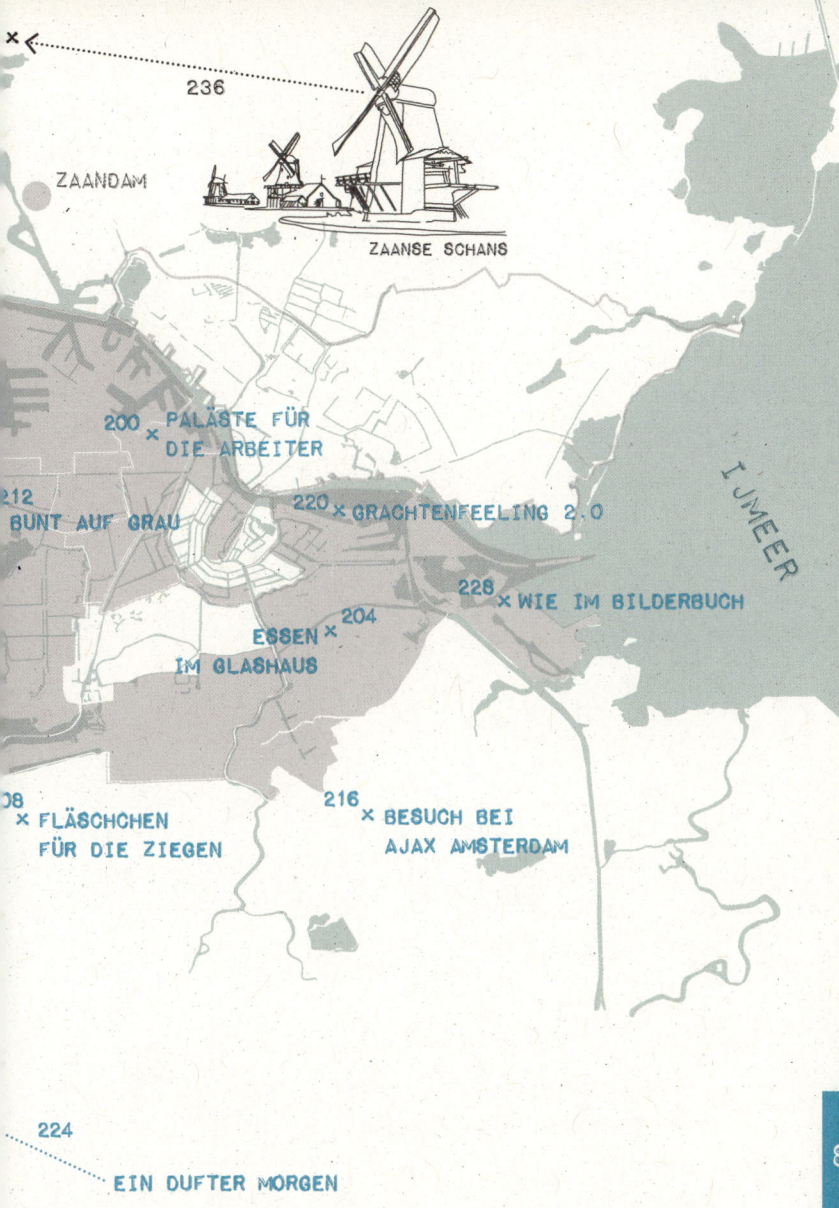

236

ZAANDAM

ZAANSE SCHANS

200 × PALÄSTE FÜR
     DIE ARBEITER

212
BUNT AUF GRAU

220 × GRACHTENFEELING 2.0

228 × WIE IM BILDERBUCH

I JMEER

ESSEN × 204
IM GLASHAUS

08
× FLÄSCHCHEN
FÜR DIE ZIEGEN

216 × BESUCH BEI
     AJAX AMSTERDAM

224

EIN DUFTER MORGEN

ABSEITS
VOM SCHUSS

PALÄSTE
FÜR DIE ARBEITER

DIE ARCHITEKTUR
DER »AMSTERDAMER SCHULE«

AMSTERDAM

+ + + S T E C K B R I E F + + +
WO? OOSTZAANSTRAAT 45 +++ VOM HAUPTBAHNHOF BUS 22
SPAARNDAMMERSTRAAT (RICHTUNG SLOTERDIJK STATION)
+++ GRAND HOTEL AMRÂTH: PRINS HENDRIKKADE 108.
TRAM 2/4/11/12/13/14/17/24. METRO 51/53
CENTRAAL STATION +++ **WANN?** MUSEUM TÄGLICH
AUSSER MO 10-17 UHR. FÜHRUNGEN STÜNDLICH
10-16 UHR (NUR UM 16 UHR AUF ENGLISCH!) +++ **WIE
LANGE?** FÜHRUNG 45 MINUTEN. FÜR DEN MUSEUMSBE-
SUCH SOLLTE MAN CA. 1 STUNDE EINPLANEN +++ **WIE
VIEL?** 15 EURO (MUSEUM INKLUSIVE FÜHRUNG) +++

EIN ECHTES architektonisches Juwel versteckt sich abseits der Touristenpfade im Nordwesten der Stadt: eine Arbeiterwohnsiedlung, für die der herausragende Architekt der »Amsterdamer Schule« Michel de Klerk (1884–1923) verantwortlich zeichnet. Das Museum »Het Schip« ist Teil dieser Wohnsiedlung und bietet täglich kleine, feine Architektur-Rundgänge an. Ich bin gespannt auf die »Amsterdamer Schule«, die bislang Neuland für mich ist. Die Führung beginnt im Museumshof, wo in einem Container ein »Slum-Haus« nachgebaut ist. Es zeigt sehr plastisch, wie eine siebenköpfige Arbeiterfamilie im 19. Jahrhundert lebte, zusammengepfercht in einem Raum, winzig, klein und düster. Kein Wasser, keine Wärme, kein Strom. Die Industrialisierung zog die Massen in die Fabriken, und in den überfüllten Städten grassierten Krankheiten, Armut und Elend.

MENSCHENWÜRDIGES WOHNEN für die unteren Schichten wurde zum drängenden Problem. Ein Problem, das auch Architekt Michel de Klerk aus seiner Kindheit kannte. Er war das jüngste von 25 Kindern, der Vater, ein Diamantschleifer, starb, als Michel drei Jahre war; die Mutter musste die Familie als Wäscherin durchbringen. De Klerks Vision wird auf dem Rundgang durch die Siedlung deutlich: Wenn die Arbeiter sich mit Schönheit umgeben dürfen, werden sie emporgehoben, ja zu besseren Menschen erzogen. Ästhetik war sein Hauptanliegen, nicht Funktionalität. Kunstvolle Details erweisen dem Arbeiterstand die Ehre. Die Siedlung, die zwischen 1919 und 1922 entstand, schwelgt in runden, fließenden Formen, die die harten Klinkerfassaden durchbrechen. Die Klinkersteine sind handgefertigt, Sprossenfenster und Steinskulpturen setzen Akzente, Türmchen krönen die Gebäude, und sogar die Hausnummern tragen ein sorgfältiges Design.

Gemütlich wirkt die Arbeitermusterwohnung auf mich, mit ihren zwei Zimmern, dem Ofen, Küche, WC. Einen Balkon hat sie auch – aber ohne Türe! Nur zum Dekor. Ich bin beeindruckt von der Grundidee – und von ihrer architektonischen Umsetzung.

SOGAR DAS POSTAMT mit seiner blau gefliesten Schalterhalle, das wir als letzte Station besichtigen, ist detailverliebt gestaltet: Das Zierband am Fliesenrand stellt winzige Briefmarken dar. Nach der Führung kehre ich ins Museum zurück. Dort ist auch schöne Angewandte Kunst zu sehen, denn Architektur und das Design von Möbeln, Keramik, Glas und Textilien gehören in der Amsterdamer Schule zusammen..

Nach dem Museumsbesuch lasse ich den Tag in der stilvollen Brasserie des Grand Hotel Amrâth (siehe S. 151) in der Nähe des Hauptbahnhofs ausklingen. Warum gerade hier? Weil das geschichtsträchtige Gebäude den Beginn der Amsterdamer Schule markiert. 1913 bis 1916 wurde das »Scheepvaarthuis« als Sitz von sechs Reedereien erbaut, was die Meeresromantik in der Dekoration erklärt. 2007 hat man den mächtigen Backsteinbau behutsam restauriert und als Fünf-Sterne-Hotel wiedereröffnet. Ich schlendere ehrfürchtig durch die Lobby – Marmor, Schmiedeeisen und Bleiglasfenster fügen sich zu einem feierlichen Ensemble. Nicht für die Arbeiterklasse, sondern für gut betuchte Gäste.

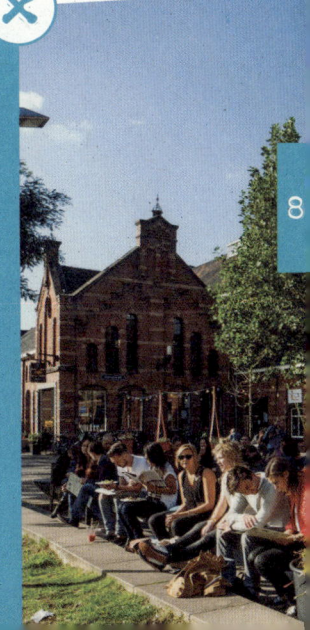

WENN MAN SCHON MAL **HIER IST**:

In gut zehn Minuten erreicht man vom Museum Het Ship aus den **Westerpark**. Auf dem Gelände des ehemaligen Gaswerks (1884–1967) locken unter dem Sammelbegriff »Westergas« ⟳ansprechende Lokale in coolem Industriedesign (Pazzanistraat 33, westergas.nl). Die roten Backsteinbauten beherbergen auch einen Laden des Labels **Tony's Chocolonely**: Schokolade ohne Kinderarbeit und fair produziert. Und lecker! (So/Mo 12–18 Uhr, Di–Fr 10–18 Uhr).

ESSEN IM GLASHAUS

EIN BESUCH
IM RESTAURANT DE KAS

+ + + S T E C K B R I E F + + +

WO? KAMERLINGH ONNESLAAN 3 +++ TRAM 19 HOGE-
WEG +++ WANN? MO-FR LUNCH 12-14 UHR. MO-SA
DINNER 18.30-22 UHR. DAS RESTAURANT SCHLIESST
UM MITTERNACHT. AUCH ONLINE-RESERVIERUNG MÖG-
LICH +++ RESTAURANTDEKAS.NL +++ WIE LANGE?
MAX. 2 STUNDEN +++ WIE VIEL? LUNCH: 35.50 EURO
(3 GÄNGE). 45 EURO (4 GÄNGE). DINNER: 57 EURO
(5 GÄNGE). 65 EURO (6 GÄNGE) +++

WIR NÄHERN UNS dem riesigen Glashaus im Frankendael Park über einen Holzsteg. Im Tümpel darunter paddeln Enten. Gleich hinter dem Eingang sehen wir linker Hand in ein kleines Gewächshaus: An der Tür sprießen große Pilze, dahinter grünt es üppig. Dann betreten wir den lichten, komplett verglasten Hauptraum, acht Meter ist er hoch. Die Einrichtung ist modern und zurückhaltend, denn in diesem besonderen Restaurant gehört die Bühne der Natur. Draußen hinter den Scheiben leuchten die Bäume grün und rot, drinnen im Lokal gedeiht ein Olivenbaum. Und weil Drinnen und Draußen fast verschwimmen, ist es gar nicht schlimm, dass wir wegen des Wetters nicht im Freien essen können. Eine freundliche Kellnerin bringt uns an unseren Tisch, und dann beginnen Kräuter, Gemüse und Gewürze auf unseren Gaumen zu tanzen.

DEN KNUSPRIGEN AUFTAKT bilden fluffige Tapioka-Kräcker mit grünem Dip. Lecker! Der Gruß aus der Küche ist blumenverziert: gerösteter Fenchel mit Sesam, Kräuteröl, Kartoffeln und würziger Sauce hollandaise, gekrönt von essbaren bunten Blümchen. So kann es gerne weitergehen! Bei der Vorspeise verbinden sich Kopfsalat, pochiertes Ei, Hähnchenschenkel und eine japanisch inspirierte Buttersoße (Dashi Beurre Blanc) auf wundersame Weise. Leicht und überraschend auch das Zwischengericht: gebratener Sellerie, Austerncreme, Limone und Sauerampfer. Tagesfrisch kommt auf den Tisch, was im Gewächshaus, den Gemüsebeeten im Freien und auf den eigenen Äckern des Lokals in Beemster so heranreift. Die Ernte gibt das einzige Menü des Tages vor. Bei lokalen Produzenten werden wenige Zutaten wie Fisch und Fleisch zugekauft.

Wie es zu diesem besonderen kulinarischen Konzept kam? Das historische Gewächshaus aus den 1920er-Jahren gehörte einst zur Stadtgärtnerei von Amsterdam. Ende des 20. Jahrhunderts drohte es zu verfallen. Bis Sternekoch Gert-Jan Hageman den Zauber des Ortes entdeckte, die Treibhäuser restaurierte und 2001 das Restaurant de Kas darin eröffnete.

INZWISCHEN STEHEN DIE KÖCHE Jos Timmer und Wim de Beer am Herd. Sie haben sich beide schon Michelin-Sterne erkocht. Ich spaziere an der gläsernen Küche vorbei, sehe, wie konzentriert gearbeitet und aus den Pfannen und Töpfen der Hauptgang hervorgezaubert wird: gebackene Scholle mit Endiviensalat, Sardellensoße, rotem Pfeffer und Knoblauch. Lediglich das Dessert fällt geschmacklich etwas ab, finde ich, obwohl es reizvoll exotisch klingt: Kakao-Sorbet mit Tangerinen-Mousse, Tangerinen-Vinaigrette und Wasserkresse. Leicht exotisch ist auch die Herkunft des Weißweins, der unser Essen begleitet. Denn wir hatten uns mutig für einen niederländischen Tropfen entschieden. Das Klima macht die Niederländer nicht gerade zu einer großen Weinbaunation, doch der Auxerrois vom Weingut Thorn in Limburg ist eine angenehme Überraschung! Nach dem Essen schlendern wir durch das Gewächshaus, lassen uns von einem freundlichen Mitarbeiter diese und jene Pflanze erklären – und freuen uns über einen runden Familienausflug, der weit mehr als nur ein ungewöhnliches Mittagessen war.

WENN MAN SCHON MAL **HIER IST**:

Ein Spaziergang durch den **Frankendael Park** □→ lohnt. Der Park mit dem **Huize Frankendael**, 1659 erbaut, war ursprünglich ein Gut wohlhabender Amsterdamer. Denn als die Stadt wuchs, wichen viele reiche Städter, die ein großes Anwesen wollten, auf die Randbezirke aus. Ein englischer Landschaftsgarten, zwei historische Gärten, ein Teich und Liegewiesen machen den Park attraktiv. Das Haus Frankendael selbst ist sonntags um 12 Uhr bei einer Gratis-Führung zu besichtigen.

8

FLÄSCHCHEN
FÜR DIE ZIEGEN

AUF DER GEISSENFARM
IM AMSTERDAMSE BOS

AMSTERDAM

+ + + S T E C K B R I E F + + +

WO? NIEUWE MEERLAAN 4 +++ AN STATION ELANDS-
GRACHT BUS 347 NEHMEN (BIS STATION VAN NIJEN-
RODEWEG) +++ WANN? TÄGLICH AUSSER DI 10-17 UHR
(1. NOV. BIS ZU DEN FERIEN MITTE FEBRUAR AUCH
MO GESCHLOSSEN) +++ GEITENBOERDERIJ.NL +++
WIE LANGE? CA. EINEN HALBEN TAG +++ WIE
VIEL? EINTRITT FREI! +++

208 KOSTENLOS, FAMILIENFREUNDLICH

1.000 HEKTAR STADTWALD. wild, romantisch, ausgedehnt. Mit Wasserläufen, Radwegen, Kanuverleih, Pfannkuchenhaus, Spielplätzen, Open-Air-Theater. Das ist der Amsterdamse Bos. Ich mache mich auf zur Entdeckungstour. Mein Startpunkt: das Besucherzentrum am Haupteingang Bosbaanweg. Ich erstehe eine Landkarte für 2,50 Euro und laufe los. Verwunschene, verschwiegene Idyllen wechseln sich ab mit weiten grünen Flächen. Meine erste Station ist das Pfannkuchenhaus – die Vorfreude auf Pfannkuchen währt aber nur kurz. Wartezeit: 45 Minuten! Gedränge, Geschiebe – schnell weiter. Die Hinweisschilder zur Geißenfarm Geitenboerderij Ridammerhoeve machen mich neugierig. Ich folge ihnen, gehe und gehe durch das grüne Labyrinth – und komme schließlich auf einem weitläufigen Bauernhof mit Wiesen und Feldern an. Ich betrete die Stallungen und traue meinen Augen nicht!

DUTZENDE SCHNEEWEISSE ZIEGEN

stehen, sitzen, liegen im Heu, balancieren über kleine Rampen hoch auf die Emporen im Stall. Vor allem das Füttern ist ein Schauspiel für sich: Winzige Ziegenmilch-Fläschchen mit Schnullern stehen bereit – für 1 Euro kann man sie kaufen. Dutzendfach spielt sich die gleiche Szene ab: Kinder quengeln, Eltern kaufen ein Fläschchen, und die Kleinen rennen sofort los: Erwartungsvoll strecken sie den Ziegen die Fläschchen entgegen, und schon legen sich samtige rosa Schnauzen um den Schnuller und nuckeln hingebungsvoll daran. Die Kinder strahlen, die Eltern fotografieren.

Die 140 stattlichen Ziegen und 60 Zicklein nehmen den Hochbetrieb in ihrem Revier mit stoischer Gelassenheit hin. Schließlich hat die Saanenziege, so heißt die Rasse aus der Schweiz, ein freundlich-sanftes Wesen. Eine hohe Milchleistung hat sie auch. An einer Theke in den Stallungen wird alles von der Ziege verkauft: Rohmilchkäse, Joghurt, Ziegenbutter, Sauermilch und auch Ziegenfleisch – alles bio und mit Demeter-Siegel.

AN DER NÄCHSTEN THEKE ist die Essensausgabe für das Bauernhofcafé. Ich bestelle ein Sandwich mit Ziegenkäse und esse es an einem der Tische unter freiem Himmel. Flauschige Küken picken mir währenddessen zwischen den Füßen herum. Vom Schweinestall nebenan dringt würziger Duft und lautes Grunzen zu mir.

Viele Familien sind zum Sonntagsausflug auf die Ziegenfarm gekommen – der Betrieb läuft auf vollen Touren. Kinder spielen auf dem Spielplatz einträchtig neben den Tieren, toben durchs Heckenlabyrinth, bestaunen die vielen Zicklein. Seit rund 30 Jahren gibt es den Familienbetrieb von Bauer Willem bereits, den rund 1,5 Millionen Gäste pro Jahr besuchen. Einige von ihnen wollen es ganz genau wissen: Workshops zur Herstellung von Ziegenkäse sind im Angebot. Und, kein Scherz, die Yoga-Stunden mitten im Stall und in der Gesellschaft der gelassenen Ziegen sollen ganz besonders entspannend sein … Mir reicht zur Entspannung ganz einfach eine Eiscreme zum Dessert – mit Blick auf die blendend weißen Hauptakteure, die die Milch dafür geliefert haben.

WENN MAN SCHON MAL HIER IST:
Der **Amsterdamse Bos** □→ hat noch viel mehr zu bieten: ein bisschen Radfahren vielleicht (Räderverleih vor Ort)? Sich im Hochseilgarten mit neun Kletterstrecken versuchen? Oder mit dem Nachwuchs in den **Minihafen**, in dem Kinder ab vier Jahren ein cooles Polizeiboot fahren dürfen? Auch Spielplätze und Kinderbadebecken gibt es (alle Infos auf amsterdamsebos.nl).

BUNT AUF GRAU

EIN FASZINIERENDES
STREET-ART-MUSEUM

AMSTERDAM

+ + + S T E C K B R I E F + + +
WO? IMMANUEL KANTHOF 1 +++ TRAM 7/14 BURGER-
MEESTER ROELLSTRAAT. TRAM 13 SLOTERMEERLAAN +++
STREETARTMUSEUMAMSTERDAM.COM +++ WANN? GRUPPEN-
FÜHRUNGEN TÄGLICH UM 11 UHR +++ WIE LANGE?
2 STUNDEN +++ WIE VIEL? 20 EURO/PERSON +++

EIN GRELLGELBES GESICHT mit schwarzen Augen und schwarzem Mund auf schwarzbuntem Grund. Groß, ausdrucksstark, faszinierend, überraschend. Das riesige Kunstwerk blickt mich von einer Mauer in grauer, trostloser Umgebung an. Es stammt von *stinkfish*, einem Street-Art-Künstler aus Kolumbien. Und es ist Teil eines ganz außergewöhnlichen Museums in Amsterdam Nieuw West. Das etwas andere »Freilicht-Museum« zeigt rund 100 kleine und große Kunstwerke. Die kleinsten messen 10 x 10 Zentimeter, die größten 10 x 18 Meter. Die meisten schreien mit viel Farbe gegen die betongraue Tristesse der Bauten an. Im ganzen Stadtteil sind die Werke weiträumig auf Stromkästen, Hauswandsockeln und Wohnblockwänden verteilt.

ABSEITS
VOM SCHUSS

AUF EIGENE FAUST würde man vielleicht zufällig an dem ein oder anderen Bild vorbeikommen. Um allerdings gezielt die schönsten Arbeiten zu finden, ist eine Tour mit einem Museumsführer unerlässlich. Dabei lerne ich: »Graffiti ist meist schwarz-weiß und kleinformatig, denn da es illegal ist, haben die Künstler wenig Zeit. Street-Art dagegen ist legal – es gibt große und sehr bunte murals, also Wandbilder.« Ein Werk, das es vermutlich nicht mehr lange geben wird, weil das Haus abgerissen werden soll, ist ausgerechnet *Die Milchmagd* (siehe S. 16) von Danny Recall (Amsterdam) und El Pez (Kolumbien). Der Unterschied zum weltberühmten Original Jan Vermeers besteht darin, dass der Milchfluss aus der Kanne versiegt ist. »Eine Anspielung darauf, dass in diesem Stadtteil zu wenig investiert wird«, sagt unsere Führerin. Winzig, witzig und anrührend ist die *Walking-alone*-Serie von *Icy and Sot*, zwei Brüdern, die im Iran geboren sind und in New York leben. Ihre kleinen schwarzen Männchen kommen einem auf Kniehöhe an Hausfassaden entgegen. Die Serie besteht aus sechs stencils (Schablonen-Graffiti).

SO SPANNEND WIE DAS MUSEUM selbst ist auch die Gründerin Anna Stolyarova, eine Ukrainerin mit dunkler Stimme und kraftvoller Ausstrahlung. Im dem kleinen Büro, wo die Führung beginnt, frage ich sie, wie es zu der Museumsidee kam. Da ergießt sich ein Monolog über mich, lebhaft, energiegeladen. Die Frau mit den jüdisch-tatarisch-polnisch-russischen Wurzeln erzählt, dass sie für die Zeitschrift *Time Out* schreiben sollte, was in ihrem Stadtteil so passiert: Kunst, Kultur, Events. »Aber hier passierte ja nicht wirklich was«, sagt Anna, »weshalb mein Artikel nicht gedruckt wurde. Also hab ich die Kunst hierhergeholt!« Der Stadtteil sei reizvoll für Urban Art: »Es gibt viele sexy Wände, nicht zu groß und nicht zu klein für murals.« Die Stadt stellte neun Flächen bereit, Anna lud Künstler ein, gab jedem 250 Euro von ihrem eigenen Geld und sagte: »Mach, was du willst damit.« So entstanden die ersten Werke. Und was sagen die Anwohner über die Kunst an ihren Häusern? Viel Gutes, aber nicht immer: »Eine Frau beschwerte sich mal bei uns: ›Meine Enkelin besucht mich nicht mehr aus Angst vor dem Monster an der Wand.‹«

WENN MAN SCHON MAL **HIER IST**:

Eine ungewöhnliche Architekturstätte ist gut zehn Gehminuten entfernt: Das **Van Eesteren Museum** □→ zeigt in einer Dauerausstellung Werk und Ideen des gleichnamigen Architekten, der zur De-Stijl-Gruppe gehörte (Noordzijde 31, vaneesterenmuseum.nl, Do–So 12–17 Uhr). Interessant für Design- und Möbelfans: In einem weiteren Gebäude, dem **House Museum**, ist ein voll eingerichtetes Haus aus dem Amsterdam der 1950er-Jahre zu sehen (Do–So 13.30–15.30 Uhr, 12,50 Euro).

8

BESUCH BEI AJAX AMSTERDAM

EINE FÜHRUNG DURCH DIE JOHAN CRUIJFF ARENA

AMSTERDAM

+ + + S T E C K B R I E F + + +
WO? ARENA BOULEVARD 1. EINGANG »HOOFDINGANG E«
+++ METRO 50/54 BIJLMER ARENA +++ WANN? FÜH-
RUNGEN MEHRMALS TÄGLICH. IN DER REGEL HALB-
STÜNDLICH ZWISCHEN 10 UND 16.30 UHR. IN DEN
FERIEN NUR AUDIOGUIDE-FÜHRUNGEN. AN SPIEL-
TAGEN KEIN ZUTRITT ZU DEN UMKLEIDEKABINEN
+++ JOHANCRUIJFFARENA.NL +++ WIE LANGE?
75 MINUTEN +++ WIE VIEL? 15 EURO. TICKETS
ONLINE AUF DER WEBSITE DES STADIONS +++

EIN RIESENPLAKAT mit dem Konterfei des jungen Johan Cruijff hängt am Eingang – verfehlen kann man das Stadion zwischen den Hochhäusern mit Glasfassade nicht. 2018 wurde die einstige Amsterdam Arena nach der Fußballlegende aus der Grachtenstadt umbenannt. Schließlich ist »Europas Fußballer des Jahrhunderts« bei Ajax Amsterdam groß geworden.

Mein Fußball-Interesse erwacht wie auf Knopfdruck nur bei großen Turnieren, und so ganz sicher bin ich mir nicht, ob der Sport oder das Rudelgucken dafür ausschlaggebend ist. Aber auch für einen Teilzeit-Fußballfan ist ein Blick hinter die Stadionkulissen sicher spannend, sage ich mir und buche eine Führung. Besucher aus aller Welt nehmen an diesem Tag gemeinsam mit mir daran teil, sie stammen aus Indonesien, Barcelona, Rotterdam ...

ABSEITS
VOM SCHUSS

ELTERN MIT ERWARTUNGSVOLL schau-
enden Kindern stehen in den Startlöchern. Erst bekommen wir Zugang zur Umkleidekabine der Gäste. Tristes
Grau dominiert den kargen Raum – das soll die Moral der
gegnerischen Mannschaft drücken.

Im Spielertunnel fotografieren Väter dann stolz ihre Kinder vor dem Ajax-Logo. Wir stellen uns auf, so will es die
Führungs-Dramaturgie, links die Ajax-Mannschaft, rechts
die Gäste – Ajax kommt aber nur mit Mühe auf elf Spieler. Wir laufen im Stadion ein, vom Band brandet Fanjubel
auf, und in unserer Fantasie sind die knapp 55.000 Plätze
ausverkauft. In diesem Stadion kochten schon manches
Mal die Emotionen, wie beim Elfmeterkrimi im EM-Halb-
finale 2000, als das Oranje-Team zu Hause gegen Italien
verlor.

Fußballkunst erleben wir freilich heute nicht live. Während unserer Führung ist die Kunst auf dem Rasen ganz
anderer Natur: Streifen für Streifen wird das empfindliche Grün mit speziellen Leuchten behandelt; sie tauchen
das Gras in gelbes Licht. Diese »Schönheitsbehandlung«
allein reicht nicht: Dem Naturrasen sind 5 Prozent Kunst-
rasen beigemischt, wird uns erklärt, so werde er griffiger.

ÜBER DEM STADION ist ein Glasdach aufgespannt – die Johan Cruijff Arena ist die erste Spielstätte Europas mit verschließbarem Dach. Auch eine verglaste Loge für die Royals gibt es. »Sie werden immer eingeladen, aber sie kommen nie«, beschwert sich unser Guide. Dafür kommen die Könige des Musikbusiness: Tina Turner, Madonna, *U2* und die *Rolling Stones* hatten in der Arena umjubelte Auftritte. In 72 Stunden verwandeln 150 Arbeiter das Fußballstadion in eine Konzerthalle.

Als krönender Abschluss der Stadionführung gilt der Blick in die Ajax-Kabine: rote Ledersitze, beleuchtete Spielernamen darüber, an jedem Platz eine Fernbedienung für den Safe, großer Bildschirm an der Wand, das Ajax-Logo an der Decke. Ich denke an die mausgraue, spartanische Gästekabine und muss lachen.

Im Presseraum wird noch ein bisschen aus dem Nähkästchen geplaudert. Da Mercedes Ajax sponsort, müssen die Spieler im Mercedes zur Arbeit fahren, logisch. Der ehemalige Ajax-Spieler Zlatan Ibrahimovic kam im Ferrari – und wurde heimgeschickt: den Mercedes holen. Man hat's schon schwer als Top-Fußballer ...

WENN MAN SCHON MAL HIER IST:
Zum Ausklang vielleicht ein Ajax-Burger in der **Ajax-Brasserie** □→? Mit Fotos an den Wänden und mit Bildschirmen, die zeigen, was wichtig ist: Ajax. Auf der Karte stehen Kleinigkeiten wie Bitterballen und Salate (Mo–Fr 9.30–17 Uhr, Eingang E, Level 3,5 des Stadions, maison vandenboer.com).

8

GRACHTENFEELING 2.0

KURZBESUCH AUF JAVA

+ + + S T E C K B R I E F + + +
WO? STARTPUNKT: AMSTERDAM CENTRAAL, BUS-
TERMINAL (1. ETAGE) +++ BUS 48 TOSARISTRAAT
(RICHTUNG BORNEO EILAND) +++ WANN? TÄGLICH
+++ WIE LANGE? DIE BESCHRIEBENE TOUR DAU-
ERT CA. 4 STUNDEN +++ WIE VIEL? BUSTICKET
6.40 EURO (HIN UND ZURÜCK) +++

REIF FÜR DIE INSEL? Dann auf nach Java Eiland! Ich gehe am Hauptbahnhof zum Busterminal in der 1. Etage und fahre mit dem Bus in Richtung Osten, vorbei an der kühn konstruierten Konzerthalle Muziekgebouw, vorbei am Mövenpick Hotel, schließlich vorbei am gläsernen Passengers Terminal, der Abfertigungshalle für Kreuzfahrtpassagiere. Der Bus biegt auf die Jan-Schaefer-Brücke über den IJ-Hafen ein. Benannt ist sie nach dem sozialdemokratischen Politiker, der die Auffrischung des Hafengebiets vorangetrieben hat. Die Brücke bringt mich ans Ziel: Java Eiland. An der ersten Insel-Haltestelle steige ich aus. Das Inselfeeling ist zunächst recht kühl, denn der Wind weht, und die Straße wirkt wie ausgestorben. Ich gehe dennoch weiter – und werde belohnt! Nicht mit Stränden und Badeurlaub, sondern mit einem inspirierenden architektonischen Erlebnis.

GROSSE WOHNBLÖCKE geben durch riesige Aussparungen den Blick aufs Wasser frei. In Querrichtung sind die Blöcke von vier kleinen Grachten durchzogen. Darüber spannen sich verspielte Brücken, von Künstlern gestaltet. Noch interessanter finde ich das Design der Grachtenhäuser, die die Kanäle säumen. Fünf Architekten haben je eine Grachtenhaus-Variante entworfen, alle fünf Varianten wiederholen sich an jedem Kanal: Schmal und hoch sind die Fassaden, wie bei ihren historischen Vorbildern in der Altstadt, und doch wirken die modernen Häuser ganz anders. Ein Giebel biegt sich konkav über die Straße, ein Erker springt quadratisch aus der Häuserzeile, viel Glas und glatte Fronten unterstreichen die moderne Linie. Grachtenfeeling 2.0!

Ende des 19. Jahrhunderts waren mehrere künstliche Inseln entstanden: als Seehafen für den Handel mit den Kolonien, daher auch die beiden Inselnamen Java und Borneo. Mit Ende der Kolonialzeit gingen die Schifffahrtsgesellschaften mit unter – die Gegend verfiel, wurde in den 1980ern von Hausbesetzern entdeckt und erfand sich schließlich neu: Nach einem Stadtratsbeschluss von 1978 verwandelte sich die abgehalfterte Hafenzone allmählich in ein Wohngebiet.

UND WAS FÜR EINES! Ich spaziere am südlichen Ufer von Java Eiland entlang, es ist ruhig und sonnig. Linker Hand Wohnblöcke, rechts Wasser, und von den Balkonen muss die Aussicht beneidenswert sein: Der Blick schweift über den Fluss hinweg auf die Skyline östlich des Bahnhofs. Der lang gezogene Inselstreifen geht im Osten über in die KNSM-Insel. Ihr Name stammt von der Königlich Niederländischen Dampfschiffgesellschaft, die hier ihren Sitz hatte. Renommierte Architekten haben sich besonders auf dieser Inselhälfte ausgetobt. »Piraeus« heißt ein gewaltiges Hochhaus des deutschen Architekten Hans Kollhoff mit Hunderten Wohnungen. »Barcelona« ist der nächste Meilenstein: Der markante Rundbau des Belgiers Bruno Albert hat einen runden Innenhof mit einem großen, filigranen Gittertor. Zum Schluss folgt schließlich der kreisrunde »Emerald Empire« – ein Wohnkomplex des niederländischen Stararchitekten Jo Coenen.

Als ich nach vier Stunden wieder zurück am Bahnhof bin, im vertrauten Amsterdam, kann ich mich schwer entscheiden, ob ich die historische Stadt diesseits oder die moderne Stadt jenseits des Flusses IJ lieber mag.

WENN MAN SCHON MAL HIER IST:
Auf KNSM-Eiland kann man historisch einkehren: im **Grand Café Kompaszaal** □→ mit schöner Wasserterrasse. Die Räume sind die einstige Passagier- und Wartehalle der Königlich-Niederländischen Schifffahrtsgesellschaft (Koninkglijk Nederlands Scheepvaart Maatschappij), die der Insel ihren Namen gaben (KNSM-Laan 311, Bus 48 Azartplein, Mi 10–17 Uhr, Do/Fr 10–1 Uhr, Sa/So 11–1 Uhr, kompaszaal.nl).

EIN DUFTER MORGEN

DIE GRÖSSTE
BLUMENVERSTEIGERUNG
DER WELT

AMSTERDAM

+ + + S T E C K B R I E F + + +
WO? LEGMEERDIJK 313, AALSMEER +++ AB HAUPT-
BAHNHOF AMSTERDAM CENTRAAL MIT DEM BAHN-SPRIN-
TER RICHTUNG DEN HAAG, "HOOFDDORP" AUSSTEIGEN.
MIT BUS 340 RICHTUNG UITHOORN ODER MIJD-
RECHT. BEI DRIE KOLOMMENPLEIN AUSSTEIGEN.
NOCH 150 METER ZUM ZIEL. DAUER: 45 MINUTEN
+++ WANN? MO-MI UND FR 7-11 UHR. DO 7-9 UHR.
AUF DER WEBSITE SIND DIE VERSTEIGERUNGS-
FREIEN FEIERTAGE SOWIE DIE WENIGEN TAGE MIT
FRÜHVERSTEIGERUNGEN AB 5.30 UHR VERMERKT +++
WWW.ROYALFLORAHOLLAND.COM +++ WIE LANGE?
CA. 1 STUNDE +++ WIE VIEL? 8 EURO (TICKETS
AN DER KASSE VOR ORT) +++ WICHTIG! JE FRÜHER
MAN KOMMT, DESTO MEHR IST NOCH ZU SEHEN +++

LANGE RAMPEN FÜHREN auf riesige Parkplatzflächen. Schlaftrunken versuche ich die Informationen auf den vielen Schildern zu sortieren und fahre auf Parkplatz P 23. Ich fühle mich ein wenig wie in dem Betonlabyrinth, das große Flughäfen umgibt. Durch den Nieselregen gehe ich Richtung Haupteingang, vorbei an Gebäuden mit Industriegebiet-Charme. Es ist 7 Uhr, und ich muss die Sehnsucht nach meinem Bett verdrängen. Aber was tut man nicht alles, um Blumen neu zu erleben: weniger Romantik, mehr Realität! Ich erreiche den Eingang, kaufe mein Ticket, Treppe hoch – und Tür auf zur größten Blumenversteigerung der Welt bei Royal Flora Holland in Aalsmeer! Eine riesige Halle liegt vor mir, einen Kilometer lang und 500 Meter breit. Nackter Beton und zaghafter Blumenduft empfangen mich. Auf der Besucherbrücke bestaunen weitere Frühaufsteher das rege Treiben unter ihnen.

ABSEITS
VOM SCHUSS

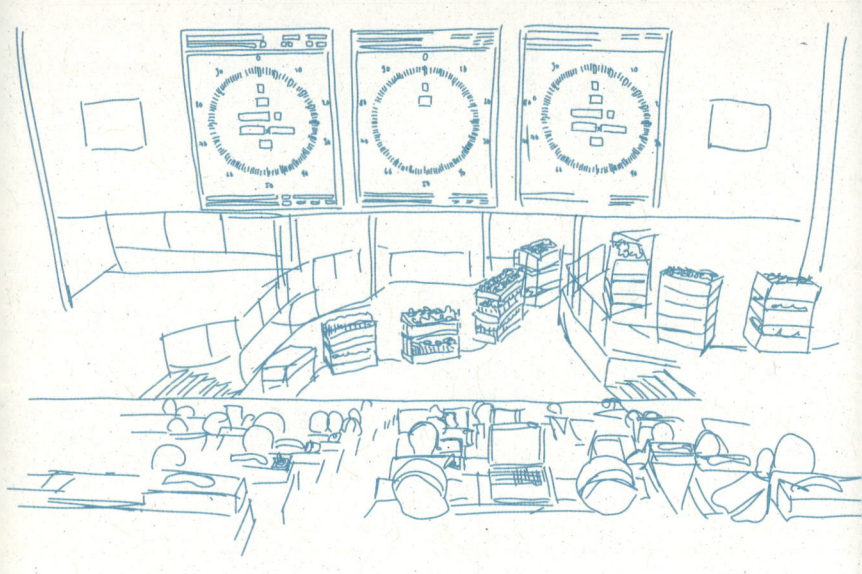

EIN TEPPICH AUS GERANIEN. Geranien und noch mal Geranien breitet sich dort aus. Dann ziehen Hortensien auf großen Wagen vorbei. Schließlich setzen sich die Rosen in Bewegung und überholen die roten Anthurien. Wagen mit blühenden Eimern werden aneinandergekoppelt und bilden einen bunten Blumenzug. Es wird gehupt und gerufen, die Blumenverwalter wuseln winzig durch die große Halle. Was wir Besucher hier als Erstes sehen, ist in Wirklichkeit der Schritt nach der Auktion: Die ersteigerten Blumen werden gescannt, einer Käufernummer zugeordnet und zum Abtransport bereitgestellt. Der größte Abnehmer ist Deutschland.

Das Herz der Blumenbörse schlägt weiter hinten auf der Besucherbrücke: im Versteigerungssaal. Durch eine Glasscheibe schauen wir ins Allerheiligste. Vorne, auf großen Monitoren, sieht man die Versteigerungsuhren, auf den Rängen sitzen rund 100 bis 150 Händler. Weitere rund 2.000 Käufer aus ganz Europa bieten täglich aus der Ferne online an digitalen Versteigerungsuhren mit. Was sie kaufen, sehen sie auf den Uhren: Rätselhafte Kürzel beschreiben die Länge des Stils, die Anzahl der Knospen, die Reifephase der Pflanzen.

GEWALTIG SIND DIE DIMENSIONEN
dieser Drehscheibe: Royal Flora Holland ist die weltgröß-
te Vermarktungsorganisation für Blumen und Pflanzen.
An den vier Standorten, der bedeutendste davon in Aalsmeer, werden pro Jahr rund 4,7 Billionen Euro (!) umge-
setzt und gut zwölf Billionen Blumen und Pflanzen verkauft – in allererster Linie nicht etwa die viel besungenen
»Tulpen aus Amsterdam«, sondern Rosen. 30.000 unter-
schiedliche »Produkte« sind in Aalsmeer im Angebot, und
damit die größtmögliche Auswahl an einem Ort. Und wo-
her kommt die grüne Pracht? Vornehmlich aus Ländern,
in denen billig produziert wird. Importland Nummer eins
ist Kenia, gefolgt von Äthiopien. Nach der langen Reise
wird die schnell verderbliche Ware in der Nacht in Aalsmeer angeliefert und in der Regel noch am selben Morgen restlos versteigert. Bleibt doch noch etwas übrig,
wird es vernichtet, denn am nächsten Tag werden die
Verkaufschancen ja nicht größer. Die Blumen-Romantik,
sie fängt erst zu Hause in der Vase an …

**WENN MAN SCHON
MAL HIER IST:**
Mehr über die Pflanzenzucht in Aalsmeer
erfährt man im **Gartenmuseum** mit his-
torischem Garten (**Historische Tuin Aalsmeer**, Praamplein, Di–So 10–16.30 Uhr,
5 Euro, historischetuinaalsmeer.nl). Oder
wie wäre es mit einer Fahrt im offenen
Boot □→ über den **Westeinder See** mit
seinem Labyrinth von Inseln (westeinder
rondvaart.nl)? Das Kombiticket für Blumenversteigerung, historischen Garten
und Bootsfahrt kostet 18 Euro (zu kaufen
am Ticketschalter von Royal Flora Holland, April–Sept. am Di, Mi und Fr).

WIE IM BILDERBUCH

BOOTSTOUR
ZU SCHLOSS MUIDERSLOT

+ + + S T E C K B R I E F + + +
WO? MARINA IJBURG +++ AB HAUPTBAHNHOF TRAM 26
LUMIÈRESTRAAT. VON DORT GUT 5 GEHMINUTEN
ZUR MARINA +++ WANN? BOOTSABFAHRT DI-SO
11 UHR (ZURÜCK IM HAFEN IJBURG: 15.15 UHR).
SAISON IST ANFANG APRIL-ENDE OKT.. GENAUE
DATEN UND WEITERE INFOS AUF DEN WEBSITES +++
AMSTERDAMTOURISTFERRY.COM UND MUIDERSLOT.NL
+++ WIE LANGE? MIT HIN- UND RÜCKFAHRT CA.
6 STUNDEN +++ WIE VIEL? BOOT UND SCHLOSS-
EINTRITT: 21 EURO (TICKETVERKAUF AN BORD) +++
WICHTIG! 15 MINUTEN VOR ABFAHRT DES BOOTES
MUSS MAN AN BORD SEIN +++

ICH VERLASSE Amsterdam Centrum mit seinen Giebeln und Grachten in der Tram 26. Als ich zehn Stationen später im Nordosten von Amsterdam aussteige, bin ich in der Zukunft gelandet: Eine moderne Stadt in der Stadt umgibt mich. Etwas steril vielleicht, aber mit architektonisch spannenden Hochhausriegeln. Die strengen, kompakten Klinkerfassaden sind mit interessanten Details, Durchbrüchen und Balkonen aufgelockert. Erst im Jahre 1999 erhob sich der Stadtteil IJburg, bestehend aus mehreren aufgeschütteten Inseln, aus dem IJmeer. Wohnraum für zigtausend Menschen ist auf dem künstlichen Land entstanden. Ich steuere die kleine windige Marina an, denn dort wartet das Boot, das mich heute zum Bilderbuch-Schloss Muiderslot fährt.

ABSEITS
VOM SCHUSS

ES IST EIN ALTES, cremefarbenes Segelboot von 1899. Die Segel sind zwar längst weg, aber auf dem Deck stehen Tische und Stühle, und wäre es eine Spur wärmer, könnte ich während der Fahrt draußen sitzen. So aber verkrieche ich mich mit den anderen Passagieren ins Warme. Das Bootsinnere ist nicht auf Hochglanz getrimmt, es wirkt angenehm »normal«, mit einer Bar, viel Holz und einer großen, liebevoll gemalten Landkarte der Region an der Decke dicht über meinem Kopf. Wir fahren los, und das IJmeer zieht weit und ruhig an unseren Fenstern vorbei. Der Anbieter, Amsterdam Tourist Ferry, hält auf der Strecke zweimal: an der Fortinsel Pampus und bei Schloss Muiderslot – die Gäste müssen sich für einen der Stopps entscheiden. Beide Ziele gehören zum UNESCO-geschützten Festungsgürtel um Amsterdam. Ich hatte mich von Anfang an für die Postkartenidylle, für Muiderslot, entschieden. Als das Boot nach 45 Minuten anlegt, sieht man vom Holzsteg aus die Backsteinwände schon zwischen den Schilfhalmen. Nach wenigen Metern stehe ich plötzlich vor einem wuchtigen mittelalterlichen Schloss, wie es schöner und beeindruckender nicht sein könnte. Wenn ein Kind ein Schloss malen würde, dann käme dabei Muiderslot heraus!

SPITZE TÜRME ragen in den blauen Himmel, über den Zuckerwattewolken ziehen. Rote Fensterläden tupfen Farbe auf die Fassade. Ein Wassergraben trennt das Schloss von Wiesen mit blühenden Bäumen. Kein Wunder, dass Muiderslot das bekannteste mittelalterliche Schloss der Niederlande ist! Um 1285 errichtete Graf Floris V. die Festung an der Vechte-Mündung. Doch der Graf wurde ermordet und seine Burg verwüstet. Aus den Ruinen erstand ab 1370 das neue Schloss. Es diente als Gerichtsgebäude, Gefängnis und Residenz der Schlossvogte. Der bekannteste von ihnen war im 17. Jahrhundert der Dichter P.C. Hooft, der »holländische Shakespeare«. Ich trinke im sonnigen Hof einen Kaffee, besichtige dann die Innenräume, herausgeputzt im Stile des Goldenen Zeitalters. Am Ende noch ein Spaziergang durch die historischen Gärten, und wir müssen zurück aufs Boot. Bei der Abfahrt weist der Kapitän darauf hin, dass wir eben an der königlichen Yacht von Willem Alexander vorbeifahren, die in der Marina von Muiden schaukelt. Wenn das kein krönender Abschluss ist!

WENN MAN SCHON MAL HIER IST:

Direkt hinter dem Schlosstor führt der Weg ins malerische Örtchen **Muiden**. Ausgesprochen hübsche Häuser reihen sich an dem schnurgeraden Sträßchen aneinander, links die Häuser, rechts das Wasser. Urig ist die Einkehr in der Kneipe **Ome Ko** ⤳, anno 1810. Gutes Bier, viel Holz und (auch) holländische Happen auf der Karte (Herengracht 71, So–Mi 8–1 Uhr, Do–Sa 8–2 Uhr, omekomuiden.nl).

WENN MAN
SCHON MAL
ABSEITS VOM
SCHUSS
IST

+++ SEHEN +++
+++ ESSEN +++
+++ AUSGEHEN +++
+++ SHOPPEN +++
+++ SCHLAFEN +++

HAARLEM

Der Weg nach Haarlem lohnt: wegen des mittelalterlichen Stadtkerns mit seinen kleinen Straßen, historischen Häusern, stillen Innenhöfen, ausgefallenen Läden und Lokalen. Aber auch, weil die Stadt zwischen Amsterdam und dem Meer der Geburtsort von Frans Hals ist. Ein Museum ehrt den berühmten Sohn der Stadt und zeigt seine wichtigsten Gemälde. Und wer per Zug anreist, kommt auch in den Genuss des prächtigen Jugendstilbahnhofs.

+++ VOM HAUPTBAHNHOF AMSTERDAM CENTRAAL FAHREN ZÜGE NACH HAARLEM. FAHRTDAUER: NUR 15 MINUTEN +++ TOURISTENINFORMATION AM GROOTE MARKT 2 +++ VISITHAARLEM.COM +++ FRANSHALSMUSEUM.NL +++

□↑ STRAND ZANDVOORT

Strand Zandvoort ist der Hausstrand der Amsterdamer, 24 Kilometer westlich der Stadt. Entsprechend voll ist es im Sommer. Daher ist es ratsam, sich nicht in die Autoschlange einzureihen, sondern den Zug zu nehmen: Er bringt die Gäste ca. 200 Meter nah an den Strand heran. Und der ist breit und weich! Wem das Treiben in dem Badeort zu viel wird, der kann sein Strandlaken auch im Norden von Zandvoort im Nationaal Park Zuid Kennemerland ausbreiten. Dieser erstreckt sich von der Nordsee über wilde Dünenlandschaften bis zu vornehmen Landgütern am äußeren Rand, die reiche Amsterdamer auf der Suche nach Sommerfrische im 17. Jahrhundert bauten. Ruhe, Dünenseen und Hunderte Kilometer Spazier- und Radwege sorgen für Abwechslung.

+++ ZÜGE FAHREN IN 40 MINUTEN VON AMSTERDAM HAUPTBAHNHOF BIS ZANDVOORT +++ NP-ZUIDKEN NEMERLAND.NL +++ VVVZANDVOORT.DE +++ ZAND VOORT-HOLLAND.COM +++

8

ZAANSE SCHANS

Das außergewöhnliche Freilichtmuseum mit Windmühlen und Holzhäusern aus dem 18. und 19. Jahrhundert lässt zwar kein Holland-Klischee aus, bietet aber auch wirklich besondere Erlebnisse: zum Beispiel eine der wenigen noch erhaltenen und betriebenen Farbmühlen und eine Zinngießerei. Besucher können bei der Herstellung von Käse, Holzclogs und Schokolade zusehen, eine Destillerie besichtigen und in einem Pfannkuchenhaus einkehren. In einer ganzen Reihe von Läden gibt es zudem Souvenirs aller Art. Hintergrund: In dem Ort wurden schon im 17. Jahrhundert, dem Goldenen Zeitalter, Schiffe gebaut. Dafür wurde die Energie von bis zu 1.000 Windmühlen genutzt. Mit den Werften kamen die Zulieferbetriebe, und auch Lebensmittel wie Schokolade und Kekse wurden produziert.

+++ BUS 391 AB AMSTERDAM CENTRAAL STATION NACH ZAANSCHE SCHANS (FÄHRT HÄUFIG UND BINNEN 40 MINUTEN) +++ DIE MÜHLEN, WERKSTÄTTEN, MUSEEN UND LÄDEN HABEN JEWEILS EIGENE ÖFFNUNGSZEITEN UND PREISE UND ZIEHEN SICH DURCH DEN ORT. ALLE ÖFFNUNGSZEITEN, PREISE UND INFOS AUF DEZAAN SESCHANS.NL +++ MUSEUMSCARD: 15.50 EURO (UMFASST ABER NICHT ALLE SEHENSWÜRDIGKEITEN) +++

□↑ DE FOODHALLEN

In der Halle einer historischen Tram-Remise geht man heute auf kulinarische Weltreise. An den Ständen gibt es Köstlichkeiten aus aller Welt von Mexiko bis Vietnam, von Frankreich bis Spanien – in anregender Atmosphäre.

+++ BELLAMYPLEIN 51 +++ TRAM 17 TEN KATE-STRAAT +++ FOODHALLEN.NL +++ SO-DO 11-23 UHR. FR/SA 11-1 UHR +++

RESTAURANT MERKELBACH

Im stilvollen Ambiente des Landguts einer Patrizierfamilie aus dem 18. Jahrhundert präsentiert sich dieses gute Restaurant mit Garten, idyllisch im schönen Frankendael Park gelegen.

+++ MIDDENWEG 72 +++ TRAM 19 HOGEWEG +++ RESTAURANTMERKELBACH.NL +++ MI-SA 8.30-23 UHR. SO-DI 8.30-18 UHR +++

8

DE SCHOOL

Hier wird man nicht belehrt, sondern bespaßt: In einer ehemaligen Schule sind Café, Restaurant und Club untergebracht. Club-Programm auf der Website.

+++ DR. JAN VAN BREEMENSTRAAT 1 +++ TRAM 13 ADM. HELFRICHSTRAAT +++ DESCHOOLAMSTERDAM.NL +++

CANVAS

Das Restaurant in der 7. Etage des hippen Volkshotels wird am Wochenende nach dem Dinner zur Partylocation mit Ausblick. DJs legen auf (Programm auf Website).

+++ WIBAUTSTRAAT 150 +++ METRO 51/53/54 WIBAUTSTRAAT +++ VOLKSHOTEL.NL +++

POLS POTTEN

Schöne, ausgefallene Möbel und Dekoartikel von der Vase bis zum Teelichthalter – alles vom niederländischen Design-Label Pols Potten.

+++ KNSM-LAAN 39 +++ TRAM 7 AZARTPLEIN +++ POLSPOTTEN.NL +++ DI-SA 10-18 UHR. SO 12-17 UHR +++

DE PINDAKAASWINKEL □→

Wer Erdnussbutter mag, wird sich im ersten Erdnussbutter-Shop der Niederlande wie im siebten Himmel fühlen: Unglaubliche Geschmacksrichtungen sind hier zu haben – handgefertigt: Kokos/Meersalz, Stroopwafel/Zimt ...

+++ ZAR PETER STRAAT 169 +++ TRAM 7 LEEGHWATERSTRAAT +++ DEPINDAKAASWINKEL.NL +++ MI-FR 14-17 UHR. SA 12-17 UHR +++.

HEERLIJCK SLAAPEN OP DE ZAANSE SCHANS

»Herrlich schlafen« fällt leicht in diesem idyllischen Bed & Breakfast. Und das Aufwachen erst! Mit Blick auf den Fluss Zaans, umgeben von mächtigen Windmühlen. Die drei nostalgischen Wohnungen befinden sich in drei alten Zaanse-Häusern mit Rijksmonument-Status. DZ mit Frühstück ab 129 Euro.

+++ AM KALVERRINGSDEICH GELEGEN +++ BUS 391 AB AMSTERDAM CENTRAAL STATION NACH ZAANSCHE SCHANS (FÄHRT HÄUFIG UND BINNEN 40 MINUTEN) +++ ZAANSESCHANS.NL +++

CAMPING ZEEBURG

Ein Campingplatz mitten im IJmeer! Bunte Holzhäuschen leuchten im Grünen, gepflegte Wohnwagen- und Zeltplätze stehen auch bereit. Dazu viel Service wie Spielplatz, Streichelzoo, Restaurant, Radverleih, ja sogar einen Kajakverleih für eine kleine Tour am IJmeer gibt es. Zeltplatz für 1 Person: je nach Saison 9–13 Euro, weitere Person 5,50–8 Euro.

+++ ZUIDER IJDIJK 20 +++ TRAM 26 ZUIDERZEE-WEG +++ CAMPINGZEEBURG.DE +++

8

DANKE: MEIN PERSÖNLICHER DANK GEHT AN DR. ALEXANDER FLADERER SOWIE ILSE UND PAUL STĂNESCU FÜR IHRE UNTERSTÜTZUNG.

FOTOS: Alle von Diana Stănescu, außer: Coverfoto: Freesurf; 17: Atelier Museumsfoto; 48/49, 57, 68/69: imagesofholland; 78/79, 80/81: Restaurant Moeders; 87: Café Winkel; 43, 107: imagesofholland; 111: Museum MOCO; 115: Ron Gastrobar; 119: Pipes & Beans; 120/121: imagesofholland; 122: Rijksmuseum; 127: The College Hotel; 146: imagesofholland; 148: Restaurant Gebr. Hartering; 151: Grand Hotel Amrath; 166/167: Café Eik en Linde; 160/161, 176/177: A'dam Lookout; 162: Zoo Artis; 164/165: Café-Restaurant De Plantage; 184/185, 187: Amsterdamliebe; 194/195: Oedipus Brewing; 203: Westergas; 207: Huize Frankendael; 215: Van Eesteren Museum/Thomas Heere; 223: Grand Café Kompaszaal; 227: Westeinder Rondvaart; 234/235: imagesofholland; 239: De Pindakaaswinkel; Cover/hintere Innenklappe (2): Alex Lipp

IMPRESSUM: Text und Recherche: Diana Stănescu; Herausgeberschaft und Redaktion: Matthias Kröner; grafisches Konzept, Layout und Covergestaltung: Berit Kröner; Illustrationen: Mirja Schellbach; Lektorat: Dr. Felicitas Igel; Korrektorat: Eva Wagner; Druck: Westermann Druck Zwickau GmbH

ISBN 978-3-95654-822-2